ÉVA-CLAIRE PASQUIER

Recettes gourmandes
sans gluten, sans lait, sans œufs, 100 % végétales
pour une vie meilleure

2ᵉ édition

Guy **Trédaniel** éditeur
19, rue Saint-Séverin
75005 Paris

Introduction

Après avoir étudié différentes écoles alimentaires et pratiqué pour moi et ma famille une cuisine saine, j'ai vraiment réalisé que l'alimentation est l'un des piliers incontournables de notre santé.

Le contenu de notre assiette est un moyen précieux de garder santé et vitalité à tout âge, mais peut également entraîner des carences et des maladies souvent fatales.

J'ai donc fait une synthèse et adapté ma cuisine à mes convictions diététiques.

Sans dogme ni intégrisme, je développe dans ce livre ce que j'appelle une « alimentation juste » : respectant notre santé et notre environnement tout en restant plaisante et conviviale.

C'est pourquoi j'ai choisi de vous proposer dans ce livre des recettes délicieuses, légères, saines, nutritives, dépaysantes, faciles, économiques et 100 % végétales, toutes dépourvues de graisses saturées, de cholestérol, de gluten ou de caséine. Vous pouvez les introduire un peu, beaucoup ou passionnément dans votre quotidien, pour allier gastronomie et santé dans le respect de la vie sur notre planète, et pour semer ensemble la graine d'une vie meilleure.

Je pense souvent à mes enfants, qui vivent ici dans l'abondance, ainsi qu'à ces enfants si nombreux qui souffrent de la faim dans le monde.

Quel avenir je sème, quel avenir semons-nous collectivement pour eux ?

Il est vrai que j'aime et respecte profondément cette Terre ainsi que toute forme de vie.

J'espère être un jour une grand-mère en superforme, entourée de ses enfants, de ses petits-enfants… et voir tous les êtres heureux dans un monde meilleur, où chacun a de quoi manger de façon saine et variée ; un monde où l'on vit en harmonie les uns avec les autres, la nature, les animaux…

Sur une planète belle et joyeuse !

Mais oui, peut-être suis-je une éternelle rêveuse…

Ce guide a pour but de vous informer et de vous aider à entrer dans une nouvelle ère alimentaire, saine, gourmande, écologique et solidaire, pour participer à un monde meilleur.

En attendant, bon appétit à toutes et à tous !

Éva-Claire Pasquier

*Pour
Paul et Hélèna*

*Ainsi qu'à tous les enfants
du monde...*

« La terre est notre mère. »

« Tout ce qui arrive à la terre arrive aux fils de la terre. Si les hommes crachent sur le sol, ils crachent sur eux-mêmes. Nous savons au moins ceci : la terre n'appartient pas à l'homme, l'homme appartient à la terre. Toutes choses se tiennent comme le sang qui unit une même famille.

Tout ce qui arrive à la terre arrive aux fils de la terre. Ce n'est pas l'homme qui a tissé la trame de la vie : il en est seulement un fil. Tout ce qu'il fait à la trame, il le fait à lui-même. Nuire à la terre, c'est accabler de mépris son créateur. Contaminez votre lit, et vous suffoquerez une nuit dans vos propres détritus. Nous savons une chose : notre Dieu est le même Dieu. Il aime cette terre. L'homme blanc lui-même ne peut pas échapper à la destinée commune...

Il traite sa mère, la terre, et son frère, le ciel, comme des choses à acheter, à piller. Son appétit dévorera la terre et ne laissera derrière lui qu'un désert. [...]

Quand vous aurez pêché le dernier poisson, vous verrez alors que l'argent ne se mange pas... »

Le chef amérindien Seattle en 1854

Sommaire

Introduction 5

Table des recettes 12

Les carences et maladies de notre civilisation ... 15
Les carences 16
Les maladies 16
Les allergies
et intolérances alimentaires 17

Transformons notre alimentation 23
Manger moins de viande, pourquoi ? 24

Comment se nourrir de façon optimale
au XXIe siècle ? 29
Les enzymes : source de vie 33
Alimentation et immunité 36
Conseils spécifiques 40
L'équilibre des repas 44

Nutrition & recettes 46

Les protéines 47
Les protéines animales : œufs, viandes, poissons, laitages 48
Les protéines végétales 51
Les besoins en protéines 57
Comment remplacer les laitages dans les recettes ? 59
Comment remplacer fromages, beurre, crèmes ? 61
Comment remplacer les œufs dans les recettes ? 62

Les glucides (ou sucres) 83
Les sucres lents 84
Les céréales et graines 84
Le pain sans gluten 116
Le gluten 116
Faire son pain sans gluten maison 116
« Lier » le pain 117
Astuces pratiques pour faire le pain 118
Les légumes racines et autres féculents 124
Les légumineuses 132
Cuisson de base des légumineuses 133
L'art d'accomoder des restes de légumineuses 133

Les douceurs saines 149
Les sucres rapides, qu'est-ce que c'est ? 150

Les fruits et les légumes 191
L'art de déguster des crudités et des salades 199
Arc-en-ciel de légumes 199

Les huiles et graisses (lipides) 229
Les AGE ou acides gras essentiels 231
Les oméga-3 231
Les graisses saturées 233
Le cholestérol 233
Règles générales pour l'utilisation des huiles 236

Les superaliments ou les aliments du futur ... 249
Les graines germées 250
Les algues 256
Les superaliments verts 267

Les aliments anticancer et les alicaments 268

Les herbes aromatiques, les épices, les condiments 270
Les herbes et épices 270
Chaque pays a ses saveurs caractéristiques 271
Propriétés de quelques
plantes aromatiques utilisées dans les recettes ... 272
Les mélanges d'épices 274
Les condiments 275

Gérer les excès naturellement 279

Les méthodes de cuisson saines.................. 280
Dans quoi cuire ? 280

Aides recettes.. 283
Mesures et températures 283
Ustensiles pratiques...................................... 283

Les produits de base 284

Alternatives aux ingrédients habituels......... 285

Lexique des ingrédients utilisés 286

Savoir consommer durablement................ 290

L'économie familiale 291

Mieux s'alimenter...................................... 292

Infos pratiques 294

Index des recettes 296

Bibliographie 299

Témoignages 301

Table des recettes

Les protéines

Petite sauce rapide à la crème de coco .. 51
« Steak » de tofu aux herbes 64
Brochettes toutes végétales 65
Chou farci d'hiver 66
Soufflé nuage d'asperges 67
Quiche aux légumes................... 68
Escalopes de tofu « pas nées » 69
Boulettes croustifondantes............ 70
Crème délice aux noix super oméga-3... 71
Faux-mage frais à l'ail et au basilic...... 72
Galettes de tofu express 73
Omelette verdura 74
Tofu brouillé forestier................. 75
Tempeh lemon grill 76
Tempeh coco loco 77
Tempeh grillé aux épices 78
Pâté à la campagnarde 79
Sauce bolognaise végétale 80
Hamburger ami de la planète 81
Sauté de protéines à l'aigre-doux 82

Les glucides (ou sucre)

Riz nature 90
Millet nature 90
Quinoa nature...................... 91
Sarrasin (kasha) nature 91
Riz pilaf à l'indienne.................. 92
Riz à la printanière 93
Gratin de céréales
et multicolore de légumes 94
Boulettes de riz au sésame........... 95
Riz sauté aux légumes 96
Salade sauvage à la niçoise........... 97
Terrine de millet aux petits légumes.... 98
Quenelles de millet parfum de noix 99
Quinoa verdura..................... 100
Salade des Andes 101
Duo de quinoa aux noisettes 102

Sarrasin forestier 103
Gâteau de polenta aux tomates séchées,
basilic et petites graines 104
Polenta façon « pizza au faux-mage » .. 105
Galettes rapides aux flocons de céréales .. 106
Crackers & gressins 107
Cake salé nature 108
Pâte à Wraps (sarrasin ou pois chiches).. 109
Gratin de pâtes 110
Lasagnes à la bolognaise 111
Salade méditerranéenne 112
Tagliatelles à la carbonara
toutes végétales 113
Pâtes fraîches maison sans gluten..... 114
Pain nature 119
Pain de campagne au sésame 120
Pain sarrasin raisin.................. 121
Petit pain à la châtaigne 122
Pâte à pizza 123
Grosses frites au four à la provençale .. 125
Patates sautées aux
champignons et soycisses 126
Pommes de terre en robe des champs
et leur petite sauce aux herbes....... 127
Potée de pommes de terre
à la hongroise 128
Purée de patates douces
à la crème de coco.................. 129
Purée de pommes de terre aux olives .. 130
Ragoût de pommes de terre à l'indienne.. 131
Chili sin carne 134
Haricots coco à la méditerranéenne ... 135
Houmous 136
« Green » burger de petits pois 137
Lentilles corail aux légumes d'hiver ... 138
Panisses à la provençale............. 139
Pâté de lentilles roses 140
Pâté de pois cassés 141
Petits pois à la française............. 142
Purée de haricots rouges à la mexicaine.. 143
Ragoût de lentilles vertes au potiron... 144

Salade de lentilles vertes d'hiver 145
Salade de pois chiches d'été 146
Soupe de pois cassés aux épices 147
Soupe lentilles carottes cumin 148

Les recettes de douceurs saines et gourmandes

Pâte à crêpes 154
Pâte à tarte sucrée 155
Les fonds de tartes 156
Crème amandine 156
Crème fraîche de cajou vanillée 157
Crème chantilly végétale multi-usages .. 158
Crèmes fondantes
pour décors gourmands 160
Barre de céréales express 162
Barres nrj 163
Pancakes pommes myrtilles châtaignes .. 164
Mousse au chocolat dense et légère ... 165
Mousse de fraises 166
Tarte au citron meringuée 167
Clafoutis 168
Pannacotta de framboises à l'amande .. 169
Flan au chocolat 170
Crumble pomme noisette citron 171
Brownies choco noisette orange 172
Gâteau d'épices glacé à la crème 173
Financiers à la noisette 174
Madeleines à la châtaigne 175
Gâteau coco choco 176
Gâteau amande citron 177
Biscuits Spéculoos 178
Cookies vanille et pépites de chocolat .. 179
Cookies aux flocons et raisins 180
Gâteau de semoule au zeste d'orange 181
Pudding de millet coco épices 182
Riz au *lait* à l'orientale 183
Perles de tapioca mangue coco 184
Tiramisu express 185
Pommes au four farcies 186

Nem poire amande chocolat 187
Triangle croustifondant aux pommes .. 188
Caramels aux fruits secs 189

Les fruits et les légumes

Délice pêche amande 193
Frappé coco abricot 193
Glace express banane cardamome 194
Brochettes de fruits frais 194
Salade de fruits au chocolat 195
Ananas décalé piqué de fraises 195
Carpaccio d'ananas à la menthe 196
Crumble de fruits fraîcheur d'été 196
Hérisson de mangue à la neige 197
Smoothie pur fruit 197
Tartare de fruits aux épices 198
Céleri rémoulade à la noisette 200
Duo de choux en fleur 201
Carpaccio de tomates tricolores, basilic
et parmesan d'amandes 202
Salade aurore au cumin noir d'Égypte .. 203
Salade d'été au tofu fumé 204
Salade de carottes orange
sésame gingembre 205
Salade de champignons à la ciboulette .. 206
Salade de mâche hivernale 207
Salade d'endives « adieu l'été » 208
Salade frisée aux lardons de tofu fumé .. 209
Soupe glacée concombre et menthe ... 210
Râpée de racines à la crème 211
Carottes confites aux petits oignons ... 212
Fondant d'aubergines à la provençale .. 213
Fondant de betteraves confites 214
Friands aux épinards en feuille de riz .. 215
Potée de mes p'tits choux-choux 216
Sauté de brocolis express 217
Tagine couleur d'été 218
Tagine de légumes à l'amande douce ... 219
Nid de butternut au coco
et au sirop d'érable 220

Légumes rôtis laqués 221
Soupe Halloween 222
Soupe paysanne aux 5 légumes 223
Gaspacho de betterave
& chantilly végétale salée à la pistache . . 224
Soupe rapide potiron châtaigne 225
Crème de brocoli aux champignons . . . 226
Velouté de potimarron aux épices 227

Les huiles et les graisses (lipides)

Beurre végétal 237
Crème magique au faux-mage 238
Chantimayo puissance verte 239
Sauce exotique 240
Sauce salade blanche et légère 240
Sauce salade essentielle 241
Sauce rapide au gomasio 241
Sojanaise 242
Sauce «pirouette cacahouète» 243
Sauce « sésame ouvre-toi » 243
Sauce curcumine 244
Sauce tomate «tricheuse» 245
Coulis de tomates crues au basilic 246
Béchamel aux champignons 247

Les superaliments

Rouleaux énergie aux graines germées . . 253
Salade d'hiver superforme 254
Salade exotique aux germes de soja 255
Aramé sauté au sésame 257
Caviar d'algues express 258
Nids d'avocat de la mer 259
Rouleaux terre et mer 260
Salade de haricots terre et mer 261
Salade de carottes à l'aramé 262
Salade de chou chinois à la japonaise . . 263
Salade de concombre à la dulce 264
Sauce océane 265
Soupe miso aux champignons shiitakés . . 266
Boost super vert du matin 267
Tapenade vert intense 267

Les herbes aromatiques, les épices, les condiments

Pesto ou pistou 273
Gomasio 276
Graines grillées au cumin 277
Confit d'ail 277
Petite poudre magique au faux-mage . . 277

Les carences et maladies de notre civilisation

Aujourd'hui, dans nos pays, l'alimentation est variée et abondante ; mais est elle équilibrée ?

Satisfait-elle nos besoins élémentaires d'un point de vue qualitatif et nutritif ?

Nous apporte-t-elle ce qu'il nous faut pour avoir santé, forme et vitalité à tout âge ?

En fait, pendant qu'une partie de la population mondiale meurt de faim, l'autre se rend malade de « trop manger » et « mal manger »

> Trop de protéines, de graisses animales saturées et surchauffées.
> Trop de sucres.
> Trop de produits industriels bourrés de composés chimiques de toutes sortes et vides de nutriments essentiels.
> Pas assez de fruits et légumes ni de lipides de qualité.

Les carences

Vitamine E	75 %
Vitamine B9 (acide folique)	50 %
Vitamine B1 (adultes)	50 %
Vitamine B9 (+ de 60 ans et adolescents)	80 %
Vitamine B6 (femmes)	50 %
Zinc (femmes)	70 %
Magnésium	20 %
Personnes âgées, hospitalisées, dénutries	30 à 60 %
Personnes carencées d'une ou plusieurs substances vitales (vitamines, minéraux, acides gras essentiels)	1 sur 2

Étude SU.VI.MAX pour la France

Les maladies

Cancer	29 % des hommes, 23 % des femmes
Maladies cardiovasculaires	32 % des décès
Excès de cholestérol	1 adulte sur 5
Ostéoporose	1/3 des Françaises de plus de 50 ans (10 % des hommes)
Obésité	10 à 12 % des enfants de 5 à 12 ans (20 % de la population)
Diabète	3 % de la population totale
Hypertension	20 % de la population

Étude SU.VI.MAX sur la santé des Français

Plus de 10 millions de **cancers** sont diagnostiqués chaque année, plus de la moitié conduisant à la mort. « L'alimentation joue un rôle pour 60 % des cancers chez la femme et 40 % chez l'homme. Or, sur les 240 000 nouveaux cas enregistrés chaque année en France, 100 000 pourraient être évités si nous acceptions de changer un peu nos habitudes alimentaires » (phrase prononcée en 2002 lors des 4es journées francophones de nutrition à Dijon).

– Les crises cardiaques et autres accidents vasculaires tuent environ 12 millions de personnes par an. Par ailleurs, l'hypertension et les maladies associées font presque 4 millions de victimes par an. Environ 80 % des cas pourraient être évités par des changements de régime et de mode de vie.

– Plus de 177 millions de personnes souffrent du diabète ; ce nombre va doubler d'ici à 2030... Son traitement absorbe jusqu'à 15 % des budgets de santé.

– L'obésité a atteint les proportions d'une épidémie : il y a plus de 1 milliard d'adultes en surpoids dans le monde !

Les cancers, mais aussi le diabète, les maladies cardiovasculaires, l'ostéoporose, les immunodéficiences, l'autisme, les allergies..., toutes ces maladies qui frappent notre civilisation sont aussi des conséquences du déséquilibre de l'alimentation moderne. Il est important que notre alimentation apporte une réelle qualité nutritionnelle en plus du plaisir qu'elle donne.

Une alimentation saine permet de garder une bonne santé !

Pendant que 840 millions de personnes ont faim dans le monde, 300 millions sont obèses !

Clare Wilmon, *Courrier international*, n° 686-687, décembre 2003.

Les allergies et intolérances alimentaires

L'ALLERGIE

Fléau des temps modernes, les allergies touchent une part grandissante de la population. Leur fréquence a doublé en cinq ans et elles affectent environ 4 % des adultes et 8 % des enfants. C'est une réaction exagérée et quasi immédiate (de quelques minutes à quelques heures) du système immunitaire face à un aliment auquel il est sensible et qu'il considère comme ennemi. Elles peuvent avoir des conséquences sévères, parfois mortelles.

L'INTOLÉRANCE

C'est une réaction immunitaire plus insidieuse, car elle ne se manifeste pas forcément tout de suite après l'ingestion de l'aliment, mais affaiblit nos défenses immunitaires, entrouvrant la porte à des maladies opportunistes (ou auto-immunes) et provoquant des affections difficiles à soigner (surtout lorsqu'on ne connaît pas leur cause réelle). En général, cet aliment ou cette substance est une protéine que notre corps n'arrive pas à digérer, souvent du fait d'une déficience enzymatique. Une intoxication aux métaux lourds peut parfois bloquer certaines enzymes digestives et provoquer une intolérance à certains aliments.

Le lait de vache

Il est une source fréquente de réaction immunitaire. Le lait contient à lui seul plusieurs allergènes, dont la caséine (utilisée d'ailleurs pour faire de la colle, la fameuse colle blanche parfumée à l'amande de notre enfance…), le lactose (la lactase, enzyme permettant de digérer le lactose, n'est pratiquement plus produite à l'âge adulte).

Les symptômes courants : l'asthme, la rhinite (nez qui coule continuellement), les otites et sinusites à répétition, les éruptions cutanées diverses (boutons, acné, urticaire, eczéma), la constipation ou la diarrhée, des douleurs abdominales et des vomissements.

Le gluten

Le gluten, la protéine de certaines céréales (blé, seigle, orge, avoine, épeautre, kamut), forme une colle indigeste qui se dépose dans nos intestins et peut y rester longtemps, provoquant une réaction immunitaire. De nombreuses personnes y sont intolérantes à des degrés divers sans même le savoir ; certaines personnes y sont tellement intolérantes qu'elles peuvent développer la maladie cœliaque.

Les symptômes courants : des inflammations (nez, gorge, oreilles…), une constipation chronique, l'anémie, des allergies environnementales (rhume des foins, etc.), des douleurs articulaires, dépression et perturbations psychiques (autisme, hyperactivité et autres troubles du comportement).

D'autres aliments sont considérés comme allergènes. L'allergie à l'œuf, par exemple, est la plus fréquente jusqu'à 15 ans (34,2 % des cas dans cette tranche d'âge). L'arachide fait aussi partie des allergènes dits majeurs, mais il en existe bien d'autres : poisson, soja, fruits, fruits à coque, nombreux additifs… la liste est longue !

Le gluten et la caséine du lait de vache agissent comme des colles qui engluent notre organisme et qu'il vaut mieux consommer avec modération. Avez-vous remarqué, lorsque vous lavez un plat dans lequel vous avez fait du pain, comme cela adhère à la partie verte de l'éponge ?

De même avec le fromage fondu. Imaginez-vous ce que cela peut donner sur les petits « poils » qui, à l'intérieur de nos intestins, sont chargés d'absorber les nutriments !

L'autisme, la schizophrénie et l'hyperactivité

Depuis une vingtaine d'années, on assiste à une progression fulgurante de l'hyperactivité, de la schizophrénie et de l'autisme chez les enfants des pays développés. Des scientifiques du monde entier se sont penchés sur ce phénomène. Tous mettent désormais en cause l'association destructrice du gluten et de la caséine avec les métaux lourds.
En dix ans seulement, le nombre d'autistes a été multiplié par trois aux États-Unis. Selon les données officielles résultant d'études ordonnées par le Congrès américain en 2000, c'est une véritable « épidémie » d'autisme qui se répand outre-Atlantique. Alors que dans les années quarante on ne recensait qu'une poignée de cas, aujourd'hui, c'est par centaines de milliers que des autistes, des schizophrènes et autres victimes de « troubles envahissants du comportement » sont comptabilisés : 1 enfant sur 300 serait atteint ! Dans un État comme le Maryland, les chiffres officiels indiquent une augmentation de 500 % du nombre de nouveaux cas depuis 1998 !

Les métaux lourds sont incriminés

Les pays industrialisés sont particulièrement concernés par cette hausse des troubles du comportement. Et pour cause : l'une des explications pointées du doigt par nombre de chercheurs européens serait l'intoxication lente aux métaux lourds, due principalement aux rejets de mercure et de plomb en quantités considérables par l'industrie dans l'atmosphère, mais également à la présence de divers métaux dans les amalgames dentaires (mercure, étain, argent...), les vaccins en général (aluminium) et plus particulièrement le vaccin rougeole-oreillons-rubéole, ROR (mercure).
Ces métaux lourds, en s'accumulant dans l'organisme, ont en effet une action inhibitrice sur une classe d'enzymes (les peptidases) destinées à la dégradation complète de protéines alimentaires provenant du gluten (dans les céréales et la plupart des produits alimentaires : conserves de viande, charcuterie, moutarde, mayonnaise, sauces, bière, chocolat, mais aussi certains médicaments), ainsi que de la caséine (présente dans les produits laitiers et dans la viande de veau et de bœuf). Chez certains enfants, génétiquement prédisposés et

atteints de troubles graves du comportement ou d'autisme, on a justement identifié une carence de ces mêmes enzymes. De nombreux chercheurs en déduisent que, lorsque ces enzymes sont inhibées par excès de métaux lourds, des psychopathologies lourdes, une hyperactivité constante ou une dépression grave peuvent apparaître chez des enfants jusqu'alors sains (extrait du site www.exquidia.com).

Pour conclure ce chapitre, je voudrais aborder le sujet des OGM ainsi que celui de tous ces « trucs qui ne poussent pas dans la nature », les additifs alimentaires.

Les OGM (organismes génétiquement modifiés)

L'exemple du blé est frappant. Céréale considérée d'origine quasi divine (le pain de Dieu !), le blé a été tellement manipulé (multiples croisements pour augmenter son taux de protéine, le fameux gluten) qu'il en devient la source de nombreux maux ! C'est devenu un aliment mutant (lire *L'Alimentation ou la Troisième Médecine*, Dr Jean Seignalet, éd. de l'Œil). En ce qui concerne les OGM, c'est la même chose : l'être humain, en voulant jouer les apprentis sorciers avec la nature, n'a pas toujours démontré le bien-fondé de ses interventions. En fait, personne aujourd'hui ne sait exactement l'impact que cela aura dans le futur... Choisir des produits garantis sans OGM me paraît être plus prudent.

Les additifs alimentaires

Ils servent, dans l'alimentation industrielle, à blanchir, conserver, colorer, extraire, lier, changer la consistance d'un aliment ou le stabiliser, ramollir ou durcir, sécher ou humidifier, rendre mousseux ou éviter la mousse, mûrir ou éviter le mûrissement... Ainsi qu'à élaborer les parfums et les saveurs synthétiques.

La *Food and Drug Administration* (FDA) a enregistré 804 produits chimiques complémentaires de l'alimentation ; 428 seulement sont considérés comme inoffensifs.

Parmi ces innombrables additifs, en voici de particulièrement redoutables.

L'aspartame est à éviter absolument. C'est un des produits chimiques les plus toxiques avec ses 92 effets secondaires officiellement reconnus par la FDA aux États-Unis.
L'aspartame, qui est 200 fois plus sucré que le sucre blanc, est un édulcorant de synthèse de la famille des excitotoxines, qui ont la triste capacité de détruire rapidement les neurones de notre cerveau.
Il est suspecté de provoquer (entre autres choses) tumeurs du cerveau, cancers des ovaires, migraines sévères, insomnies, allergies, détérioration de la rétine, dépressions, chutes des cheveux, douleurs abdominales et articulaires, impuissance... La liste des effets secondaires est impressionnante !

Le monoglutamate de sodium (MGS ou E 621), cousin chimique de l'aspartame (c'est également une excitotoxine), est aussi l'un des additifs les plus répandus. Exhausteur de goût, c'est-à-dire qu'il donne du goût à ce qui n'en a pas (ou presque pas), il est utilisé sans retenue par l'industrie alimentaire. Il y en a partout et particulièrement dans la cuisine chinoise ; il se cache sous divers noms tels que : arômes, épices, extrait de levure...

Lire : *Additifs alimentaires, danger !* Corinne Gouget, éd. Chariot d'or ; *La Cuisine du diable*, Günther Schwab, éd. Le Courrier du Livre ;
site Internet en français : http://biogassendi.ifrance.com, rubrique « Alzheimer, restaurants chinois » pour des informations sur le glutamate et l'aspartame.

Encore une fois, on peut voir qu'il n'est pas facile de trouver des produits sains. Soyez vigilants, lisez les étiquettes et choisissez uniquement des produits frais, naturels, de qualité, se passant de tout apport synthétique pour être simplement bons. S'il y a un ajout, c'est suspect, ces produits sont là pour tromper nos sens... Attention aux excès ! Un peu de temps en temps, passe encore, mais évitez d'en abuser. Pour moi, une alimentation saine commence par le naturel !

Transformons notre alimentation

pour l'équilibre de notre santé et de la planète

La bio qu'est-ce que c'est ?

Ce terme vient de « biologique » et veut dire : ensemble des êtres vivants (animaux, végétaux) présents dans un milieu (biotope) donné.

www.inra.fr

« BIO » VEUT DIRE VIE.

La bio n'est pas une école alimentaire, tout régime peut être bio dès lors qu'il utilise des ingrédients respectant le cahier des charges dit biologique.

La bio n'est pas une panacée, mais elle reste le plus haut critère de qualité quand on ne connaît pas les conditions réelles de production.

La bio préserve la vie, la terre et ses habitants ; manger bio va au-delà du fait de prendre soin de ses intérêts personnels.

Pour les animaux, c'est la garantie qu'ils auront des conditions de vie acceptables comparées à celles de leurs congénères de l'industrie agroalimentaire classique.

Manger moins de viande, pourquoi ?

Réduire notre consommation de viande rouge est l'un des premiers pas à accomplir pour notre bien-être et celui du monde.

Pour moi

En excès, elle entraîne bon nombre de problèmes de santé.

DE PAR SA RICHESSE EN GRAISSES SATURÉES Elle augmente le taux de cholestérol (un bifteck de 300 grammes contient l'équivalent en lipides de 120 grammes de beurre, soit presque une demi-plaquette !), principale cause des maladies cardiovasculaires (première cause de décès en France : 32 %), et favorise le cancer du côlon (numéro un des cancers, avec 36 000 nouveaux cas par an ; source : www.e-sante.fr), ainsi que le cancer du sein et celui de la prostate.
Trop de viande rouge double le risque de cancer du côlon alors qu'il y a 31 % de risques en moins si vous en consommez peu (*Journal of the National Cancer Institute,* n°97, p. 906-916).
Préférez la volaille (de qualité) à la viande rouge, introduisez des protéines végétales.

Cessez de vous empoisonner : choisissez de la viande et des produits animaux de qualité biologique !

DE PAR SA CUISSON Celle-ci la rend indigeste et toxique en détruisant ses enzymes et en transformant ses molécules, engendrant des substances cancérigènes (le benzopyrène est l'un des plus puissants carcinogènes qui soient ; on en trouve autant dans 1 kilo de bœuf cuit au gril que dans la fumée de 600 cigarettes !).
Donc, si vous consommez de la viande, privilégiez la viande crue, marinée, séchée ou cuite à la vapeur douce.

DE PAR SA TOXICITÉ Tous les produits animaux issus de la production industrielle contiennent d'incroyables quantités de substances toxiques : pesticides, hormones synthétiques (il y a de plus en plus de cas de puberté précoce), stimulateurs de croissance, insecticides, tranquillisants, herbicides, antibiotiques (en Europe, 70 % des antibiotiques mis sur le marché sont destinés aux animaux industriels...). Au total, on peut trouver plus de 150 produits chimiques (autorisés ou non !) dans la viande.

Pour les autres

ÊTRE PLUS SOLIDAIRE Une grande partie de la population mondiale ne mange pas à sa faim. Deux enfants meurent de faim chaque seconde ! Cinquante mille par jour ! Pendant que le bétail des pays riches consomme autant de céréales que tous les habitants de l'Inde et de la Chine réunis, le Tiers-Monde s'appauvrit en cultivant des céréales qui font cruellement défaut aux populations locales et qui serviront à nourrir les animaux de boucherie des pays riches.

Le régime de base des pays industrialisés coûte cher. On peut faire sept repas végétariens équilibrés avec les ressources nécessaires à la confection d'un repas à base de viande. En effet, produire 1 kilo de viande de bœuf nécessite 16 kilos de céréales !

Soixante millions de personnes pourraient être nourries avec les économies qui seraient réalisées **par une baisse de seulement 10 %** de la consommation de viande rien qu'aux États-Unis !

Pour la planète

NOS CHOIX ALIMENTAIRES ONT UN IMPACT CONSIDÉRABLE SUR L'ÉCOLOGIE DE LA PLANÈTE L'agriculture et l'élevage industriels sont de gros consommateurs de nos ressources naturelles (eau, fertilité des sols, forêts) et produisent 19 % des émanations de gaz à effet de serre. L'eau potable se raréfie, il faut 20 000 litres d'eau pour produire 1 kilo de viande et seulement 48 litres pour produire un 1 kg de céréales ! En Bretagne, 60 % des sources d'eau sont polluées par l'élevage des porcs.

Saviez-vous que l'élevage est la troisième source de pollution planétaire, après l'industrie et la voiture ? Il est directement responsable de l'érosion des sols, des pollutions à l'ammoniac, au méthane, aux métaux lourds et autres résidus.

Un hamburger produit en Amérique correspond à 6 mètres carrés de forêt tropicale ratissée pour faire place à l'élevage. Sept milliards de hamburgers par an sont produits aux États-Unis. L'Amazonie perd chaque année une superficie d'environ 5 millions d'hectares qui sont défrichés pour les pâturages ; 80 % des forêts vierges du Costa Rica ont déjà disparu et 1 000 espèces animales s'éteignent chaque année !

> Le trou de la couche d'ozone est dû pour 28 % à l'élevage !

Pour les animaux

RESPECTER LA VIE La production de viande entraîne des souffrances terribles pour les animaux élevés industriellement. Or, comment faire autrement pour générer suffisamment de viande pour la consommation annuelle de 100 kilos pour chaque Français ? Ainsi 1,5 milliard d'animaux sont tués chaque année !

Pour que les animaux d'élevage puissent avoir une vie décente, il faut nous détourner du productivisme froid uniquement fondé sur une logique économique.
Nous devons aller vers des produits à label, dont le cahier des charges garantit aux animaux plus d'espace et de temps pour vivre et croître. Manger moins de viande, mais de meilleure qualité : nous nous y retrouvons tous !

Et le poisson ?

Le poisson est plus digeste que la viande et contient des graisses de bonne qualité. Le poisson a bonne presse actuellement, car certaines variétés sont riches en graisses de type oméga-3. Ce que l'on oublie de vous préciser, c'est que la cuisson dégrade ces graisses et les rend même toxiques.

Malheureusement, la pollution augmente (notamment par les métaux lourds), et de nombreuses espèces sont d'ores et déjà contaminées par le mercure (thon, espadon, marlin...).

Et quelle tristesse que cette pêche massive qui vide les océans, affame les baleines et massacre les dauphins (les énormes chaluts qui ratissent les océans sont assez grands pour contenir douze Boeing 747 et détruisent tout sur leur passage). La plupart des espèces de poissons que nous mangeons sont en voie de disparition (y compris la sardine), et les surplus (près de la moitié du poisson pêché dans le monde) finissent par engraisser... les animaux d'élevage, si ce n'est la poubelle ! Sur les 17 régions de pêche du monde, 4 sont épuisées et 13 sont exploitées à 100 %. Quant aux poissons de pisciculture, ils sont entassés dans des bassins, bourrés d'antibiotiques et de colorants (pour que la chair du saumon soit rose) et nourris avec des déchets animaux...

Leur production massive est aussi très polluante pour nos cours d'eau. Quatre-vingt-quinze millions de litres de déjections animales issues d'élevages industriels en Caroline du Nord (États-Unis) ont été déversés dans la rivière, tuant plus de 10 millions de poissons... Quel gâchis ! Que laisserons-nous aux générations futures ? Il existe heureusement des élevages bio ; de nouveau, préférez la qualité à la quantité.

Comment se nourrir de façon optimale au XXIe siècle ?

Manger est source de plaisir ; il est fondamental de se régaler en mangeant, de varier les mets, d'ouvrir notre esprit pour faire la découverte de nouvelles saveurs... et de ne pas oublier de mettre un « zeste d'amour » dans notre cuisine, car c'est un ingrédient essentiel !

À notre époque, nous avons besoin de moins de calories que nos ancêtres (donc, en principe, de moins de nourriture).

En effet, notre style de vie a changé, nous vivons généralement dans des lieux chauffés et nous avons moins d'activité physique qu'autrefois. Comment moins manger tout en veillant à l'apport en éléments nutritifs[1] nécessaires à notre organisme ? Car nos aliments modernes sont souvent dépourvus de certaines de ces précieuses substances et sont généralement trop riches en graisses saturées, en sucres rapides et en additifs de synthèse. Tous ces facteurs conduisent à une dégénérescence de l'organisme ; les carences[2] nous guettent (ce

LE SEL

RÉDUIRE LE SEL AUTANT QUE POSSIBLE. (SUPPRIMER LE SEL RAFFINÉ)

qui peut expliquer certaines crises de boulimie, où l'instinct, dans un effort désespéré, cherche à pallier ce déficit, sans pour autant le combler, car les aliments vides[3] sont légion). Or, nous n'imaginons pas à quel point nous pouvons être affectés par ces carences et l'impact que cela a sur nous, et quand nous le ressentons, il est souvent trop tard... Alors, c'est notre patrimoine génétique qui est touché et nos enfants qui paient les pots cassés (autisme, retard du développement, allergies diverses...).

De plus, nous vivons à une époque si polluée, et notre organisme est tellement agressé par différents facteurs, que notre système immunitaire débordé s'affaiblit ; nous devenons la cible d'affections chroniques, notre corps se dégrade et vieillit prématurément.

(1) Les nutriments sont le produit des éléments nutritifs indispensables contenus (en principe) dans la nourriture que nous absorbons : les protides, les lipides, les glucides...

(2) Voir « Les carences », p. 16.

(3) Les aliments vides sont les aliments qui emplissent l'estomac et apportent des calories sans pour autant apporter d'éléments nutritifs de qualité (bonbons, biscuits, barres de chocolat, viennoiseries, aliments raffinés...).

Il devient donc impératif d'obtenir plus d'éléments protecteurs (appelés antioxydants) ainsi que des aliments qui aident notre corps à se débarrasser des métaux lourds, substances radioactives et autres toxines présentes dans notre environnement.

Tout cela, bien sûr, en consommant des aliments digestes et nutritifs, pour épargner une surcharge à notre organisme et garder forme et vitalité à tout âge !

LE SUCRE

LA SUPPRESSION DU SUCRE RAFFINÉ S'IMPOSE. D'AILLEURS, TOUS LES SUCRES TROP CONCENTRÉS SONT INDÉSIRABLES. SI L'ON TIENT ABSOLUMENT AUX PLATS SUCRÉS, PRÉFÉRER LE JUS DE CANNE SÉCHÉ (SUCRE COMPLET), LE SIROP D'ÉRABLE OU DE CÉRÉALES.

IL EST PRÉFÉRABLE DE FAIRE DES ÉCARTS POUR ÉVITER TOUT SENTIMENT DE FRUSTRATION.

L'ALIMENTATION BIOCLIMATIQUE

LES FRUITS, EXCELLENTS ALIMENTS PAR TEMPS CHAUD, SONT À CONSOMMER AVEC MODÉRATION EN HIVER, PARTICULIÈREMENT S'ILS SONT ACIDES (AGRUMES)

LES COMBINAISONS ALIMENTAIRES.

UN REPAS DEVRAIT ÊTRE LE PLUS SIMPLE POSSIBLE

Nous avons la fâcheuse tendance à faire trop de mélanges au cours d'un même repas.

Certains mélanges sont incompatibles, notamment l'ingestion de fruits après un repas ayant comporté des farineux.

Les fruits sont à prendre seuls de préférence ou avec des oléagineux (amandes, noisettes, sésame etc.).

GASPILLAGE

Prendre différents produits animaux (viande, fromage, œuf) au cours d'un même repas entraîne une surcharge nocive qui coûte cher. (Alors que plus d'un tiers de la population mondiale est carencé en protéines)

OUÏE ! OUÏE ! AVEC TOUS CES MÉLANGES, MÊME LE RECOURS À L'INFORMATIQUE NE NOUS SERAIT D'AUCUN SECOURS !

Les enzymes : source de vie

Aujourd'hui, ce qui dicte nos habitudes alimentaires, ce sont avant tout des impératifs d'ordres industriel, économique et pratique. Du point de vue de notre santé, la vitalité des aliments est un facteur prédominant ; elle est rarement prise en compte. La mise en évidence de l'importance de l'activité enzymatique permet de faire tomber l'illusion de ces produits bien emballés, dont les étiquettes nutritionnelles masquent tant bien que mal la misère nutritive. Ces produits sont morts, et les consommer nous amène inexorablement à n'être que l'ombre de nous-mêmes. Collectivement, nous sommes déjà engagés dans cette voie sans issue... Individuellement, nous pouvons choisir un autre chemin !

Souvenez-vous de cette publicité pour les piles avec deux lapins à moteur, dont l'un s'épuisait avant de s'arrêter totalement, tandis que l'autre continuait sa course plein de vigueur...
Les enzymes, c'est la même chose ! Comme l'énergie des piles, ce sont elles qui nous animent, c'est d'elles que découlent notre vitalité et notre capacité à durer plus longtemps. Dans tout ce qui vit, du brin d'herbe à l'éléphant, il y a des enzymes, notre corps en héberge des centaines de milliers. À l'aube de notre vie, c'est une enzyme contenue dans le sperme qui dissout la membrane de l'œuf féminin, créant ainsi les conditions indispensables à la fécondation ; à son crépuscule, une autre enzyme se charge de déclencher la décomposition de notre corps. Entre ces deux événements, les enzymes nous permettent de digérer, d'assimiler, de maintenir notre immunité, de construire des muscles, des os, du sang, d'éliminer les déchets et les substances toxiques, de respirer, de pleurer, de voir, etc. Privés d'enzymes, nous cessons instantanément de vivre.

À la naissance, nous disposons d'une réserve d'enzymes qui diminue avec l'âge. À titre d'exemple, un Occidental dispose de 30 fois plus d'enzymes (amylase) dans sa salive à 25 ans qu'à 80 ans. Le vieillissement est moins lié aux années qui passent qu'à l'intégrité des cellules et des tissus, elle-même dépendante des enzymes métaboliques. Notre force de vie est donc liée à la force de nos enzymes.
Pour nous maintenir en bonne santé, il est essentiel de nourrir nos cellules ; or, ce sont les enzymes qui transforment la nourriture et acheminent ses nutriments par le sang vers nos cellules.

On peut classer les enzymes en plusieurs groupes :

▶ LES ENZYMES MÉTABOLIQUES, qui réparent, guérissent et gèrent l'équilibre vital des organes et des tissus.

▶ LES ENZYMES DIGESTIVES, qui travaillent à l'assimilation des nutriments.

▶ LES ENZYMES NUTRITIVES ou alimentaires contenues naturellement dans les aliments non cuits et non transformés, dont elles assurent la prédigestion.

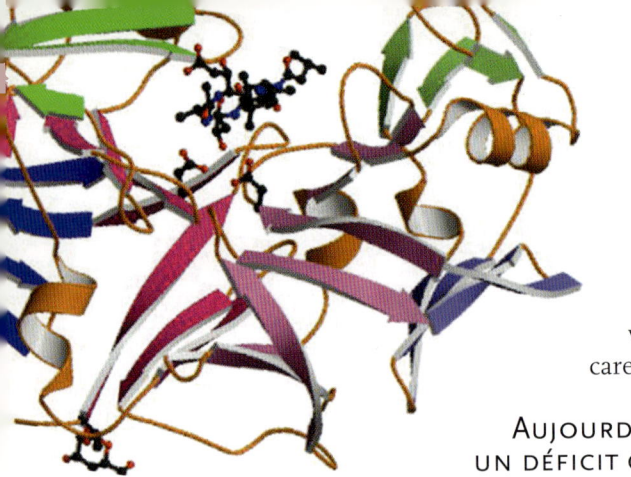

Le système immunitaire s'appuie également sur les enzymes pour remplir sa mission de protection du corps contre les bactéries, les virus, les parasites, les polluants, les carcinogènes, etc. Un niveau d'enzymes insuffisant est une cause de mauvaise santé et de vieillissement prématuré. La carence en enzymes conduit à la dégénérescence.

Aujourd'hui, nous subissons tous un déficit chronique en enzymes. Il y a plusieurs causes à cela.

- Chaque aliment contient les enzymes alimentaires spécifiques supposées le prédigérer. Malheureusement, celles-ci sont détruites par les traitements modernes (cuisson à températures supérieures à 48 °C, stockage, transformation, etc.). Par exemple, la viande crue contient des lipases (enzymes destinées à digérer les graisses) qui ont totalement disparu après la cuisson ; du coup, nos propres enzymes digestives doivent redoubler d'efforts pour digérer ces aliments.
- La cuisson détruit une grande partie des nutriments ; or, ceux-ci sont indispensables à l'activité enzymatique.
- Si nous mangeons principalement du cuit, notre pancréas s'épuise, il ne produit plus assez d'enzymes digestives, et les enzymes destinées à entretenir notre métabolisme sont détournées de leur mission première pour s'efforcer avec plus ou moins d'efficacité d'assurer la digestion.
- Le stress et les substances toxiques auxquelles nous sommes couramment exposés (pollution, cigarette, pesticides, conservateurs, alcool, caféine, médicaments, etc.) entament notre réserve d'enzymes.
- Les aliments modernes sont complexes et nécessitent un effort important de digestion pour une faible valeur nutritionnelle. Il en résulte un gaspillage de nos enzymes.

Une personne qui prend des compléments alimentaires ne profite pas entièrement de cet apport si son système est pauvre en enzymes, car les nutriments ne seront pas assimilés correctement.

Les enzymes interviennent sur notre capacité à la fois à capter l'énergie des aliments et à régénérer notre organisme. Un déséquilibre de nos ressources en enzymes conduit inévitablement à une dégénérescence et à une baisse de l'efficacité du système immunitaire.

On a là un cercle vicieux : puisque le corps se dégrade, ne reçoit pas toute la force des aliments pour se maintenir et se régénérer, il a de plus en plus besoin d'enzymes pour se soigner ; les aliments partiellement digérés se putréfient, créent des toxines, encrassent nos intestins en recouvrant leurs parois d'une couche de déchets réduisant encore l'absorption des nutriments ; l'activité enzymatique décline alors par manque de nutriments.

Pour rompre ce cercle vicieux et combler ce déficit, une intervention s'impose : rendre progressivement son alimentation plus vivante. Faire évoluer son alimentation pour la rendre plus vivante est une démarche qui s'inscrit dans la durée ; voici comment l'accompagner au quotidien.
– Privilégier des aliments riches en enzymes (frais et crus). Les crudités, les aliments fermentés (choucroute, tamari), les graines germées (les aliments les plus riches en enzymes), les herbes aromatiques, etc.
– Préserver les enzymes des aliments lors de leur préparation (cuisson douce, râper les crudités moins de dix minutes avant de les consommer).
– Accroître la digestibilité des aliments (faire tremper légumineuses et céréales complètes huit heures avant la cuisson).
– Soutenir le processus de digestion (bonne mastication, éviter les incompatibilités alimentaires).

Le lapin de la publicité s'arrête, à bout de forces. Nous, nous avons le choix, nous pouvons économiser et recharger nos batteries d'enzymes, nous pouvons cultiver notre vie. Aller vers une alimentation vivante, c'est aussi une manière de dire « oui » à la vie. Notre corps en a besoin, tout autant que notre époque.

Comment se nourrir de façon optimale au XXIᵉ siècle ?

Alimentation et immunité

La malbouffe introduit dans notre organisme nombre d'ingrédients « qui ne poussent pas dans la nature », déchets plus ou moins toxiques que notre système immunitaire s'épuisera à éliminer. Quels sont donc les aliments qui renforcent notre immunité ?

Construire et renforcer notre système immunitaire est une démarche de fond, un véritable moyen d'agir pour une santé durable. Ce n'est pas une chose aisée dans ce monde moderne où nos défenses sont attaquées incessamment sur tous les fronts. D'ailleurs, les maladies dites opportunistes (qui profitent d'un affaiblissement de nos défenses pour s'installer) sont devenues les épidémies de notre civilisation.

Ce qui mine nos défenses

Le champignon shiitaké est reconnu pour stimuler les défenses imunitaires.

– Les produits chimiques contenus dans les aliments courants (colorants, conservateurs, nitrites, phosphates, pesticides, hormones, antibiotiques, métaux lourds...).
– Les carences en éléments nutritifs, qui affaiblissent notre corps, découlant d'une nourriture dévitalisée par les processus modernes de production, de conservation, ou par un excès de cuisson. Ces carences peuvent également être dues à une faiblesse digestive avec une mauvaise assimilation des nutriments (côlon encrassé et surchargé, déficience enzymatique, intolérance alimentaire, flore intestinale déséquilibrée...).
– Et en dehors de l'alimentation : l'abus d'alcool, de tabac, de café, de médicaments (notamment les antibiotiques), la pilule, certains vaccins, les agressions de notre environnement (air et eau pollués, ondes...), le stress, le bruit, et même les pensées négatives.

Les symptômes courants d'un système immunitaire déficient sont : infections à répétition, Candida albicans (champignon invasif), fatigue chronique, herpès, allergies (la fréquence des allergies alimentaires a doublé en cinq ans), maladies immunitaires (sida, polyarthrite...).

D'abord l'alimentation

Un ajustement de notre alimentation est un moyen très efficace pour renforcer et même restaurer notre immunité. Cette démarche demande toutefois un certain engagement.

- Notre alimentation doit être équilibrée et riche en tous les éléments vitaux indispensables à notre bon métabolisme. Elle doit également être digeste et légère, pour favoriser l'assimilation optimale des nutriments et surcharger notre organisme le moins possible.
- Il est bon qu'elle soit notamment riche en éléments dits protecteurs comme les antioxydants, afin de lutter contre les radicaux libres (des molécules qui provoquent vieillissement et dégénérescence, et qui nous agressent au quotidien). Les principaux antioxydants dans notre nourriture sont les vitamines A (bêta-carotène), C et E. Il y a bien d'autres composants protecteurs dans l'alimentation ; les vitamines B, le sélénium, le calcium, le magnésium, le silicium, le zinc... en font partie.
- Les aliments permettant de dépolluer et « chélater » (évacuer) en douceur les divers métaux lourds et toxines présents partout dans notre environnement jouent un rôle important dans notre société moderne pour épargner à notre corps une accumulation de toxines. (Voir « Les superaliments ou les aliments du futur », p. 249.)
- Les aliments qui entretiennent notre flore intestinale régulièrement sont à (re)découvrir, car cette dernière est garante de notre immunité et a besoin d'être particulièrement cultivée.
- N'oublions pas enfin les aliments qui contiennent des fibres, pour bien éliminer les déchets du corps.

Il est aussi très important d'aimer ce que l'on mange, de prendre du plaisir. La frustration produit du stress, auquel notre système immunitaire est sensible.

Comment nous nourrir pour optimiser notre immunité ?

Choisir des aliments bio, c'est réduire les substances toxiques que l'on absorbe et aussi agir pour qu'il y en ait moins dans notre environnement. Les aliments sont également plus riches en nutriments lorsqu'ils sont bio.
Les animaux sont plus sains (moins stressés, moins intoxiqués aux produits chimiques) et ont une vie plus digne que celle de leurs congénères des élevages industriels !

- Consommer des aliments riches en enzymes est essentiel, surtout au début des repas, car cela aide à digérer la suite. Penser aux **graines germées**, aux crudités préparées au dernier moment, aux poissons et aux viandes crus marinés dans du citron. Utiliser **des herbes et des plantes aromatiques** (persil, ciboule, ail, basilic, gingembre, menthe, coriandre, aneth)... Celles-ci ne sont pas juste savoureuses, elles sont également riches en enzymes, ce qui complète la longue liste de leurs nutriments et de leurs vertus.

- Chaque jour, penser à déguster des **fruits frais et mûrs**, et à chaque repas des **légumes frais et crus de saison** préparés au dernier moment pour préserver leurs vitamines et leurs enzymes. Ne pas oublier de **varier les couleurs**, rouge, vert, orange, jaune ! Créer de jolies assiettes colorées pour **faire le plein de vitamines et en plus avoir bonne mine !**
- Les **verdures** (salades, alfalfa, persil...) sont **riches en chlorophylle et en bêta-carotène** (épinards, blettes).
- Inclure **des algues alimentaires** quotidiennement à petite dose, pour leur richesse nutritionnelle et surtout pour leur capacité à nous dépolluer, notamment des métaux lourds, de plus en plus répandus.
- Utiliser **des huiles végétales de première pression à froid** variées pour l'apport en **vitamine E** (vitamine antioxydante) et en **acides gras essentiels de types oméga-3 et 6** (colza, noix, chanvre)... Veiller à leur qualité et les garder au frais. Attention, la cuisson les altère, et elles deviennent alors nocives.
- Penser aux **aliments fermentés** pour cultiver notre flore intestinale : yaourts (y compris de soja), kéfir, miso, choucroute crue...
- Choisir **des aliments complets non raffinés**, éviter les additifs, les aliments industriels, les conserves... Place au frais et au naturel !
- Préférer des **céréales sans gluten**, (riz, millet, quinoa, sarrasin), qui sont plus digestes. Si votre santé est plutôt fragile, excluez pour quelques mois les céréales contenant du gluten, car il se peut que vous y soyez intolérant. À éviter donc : blé, seigle, orge, avoine, épeautre, kamut.
- **Attention aux produits laitiers !** Le lait est un des aliments qui provoquent le plus de réactions immunitaires. À consommer uniquement si vous êtes en bonne santé ; préférer le lait cru bio, les fromages fermiers (aussi au lait cru) et surtout le yaourt et le lait fermenté qui sont des formes plus digestes du lait grâce à leurs ferments bénéfiques. Un peu de vin aide à la digestion des fromages ; à déguster avec modération.
- **Gare au sucre, et surtout au sucre blanc !** Celui-ci abaisse les défenses immunitaires. Se méfier du sucre caché et, pire, de l'aspartame, qui est soupçonné être cancérigène. Préférer le sucre complet, le miel (non chauffé, car cela altère sa qualité) ou les sirops de riz (un des plus doux), d'érable...
- **Réduire la quantité de sel**, choisir du sel non raffiné ou du sel aux herbes. Découvrir les sauces soja (shoyu, tamari) plus assimilables.
- **Introduire des protéines végétales** de qualité dans nos menus : céréales (non raffinées) **et légumineuses** (pois et pois chiches, haricots en grains, lentilles variées, soja, **tofu et tempeh**), qui de surcroît nous apporteront des **glucides lents**. Ne pas oublier les oléagineux (noix, amandes, noisettes, pignons...) pour leur richesse en **vitamine E et lipides de qualité**.

– **Diminuer la consommation des viandes rouges et des charcuteries** : leurs graisses saturées surchargent l'organisme et l'acidifient ; préférer les volailles, les œufs et les poissons (crus et marinés de préférence, ou très peu cuits) de bonne qualité.
– **Attention à l'excès de cuisson**, qui dégrade les aliments et les rend parfois même nocifs. Les graisses cuites sont particulièrement à proscrire, notamment les fritures et les grillades, qui sont cancérigènes. Préférer des méthodes de cuisson qui préservent au maximum l'intégrité des aliments (cuisson à la vapeur douce, à l'étouffée, en cocotte).
– **Prendre en compte les incompatibilités alimentaires** : un repas doit être simple. Attention à l'excès de mélanges. Déguster les fruits seuls de préférence. Éviter les desserts et les douceurs en fin de repas (préférer un « goûter » de fruits, par exemple, pour combler les envies de sucré). Éviter de se coucher l'estomac plein (cela permet notamment de mieux dormir).
– **Attention à l'eau du robinet**, qui est polluée ; un filtre à eau est un bon investissement.

Notre monde est tellement pollué que choisir de renforcer son système immunitaire est presque une question de survie, notamment sur le long terme.
Nous transmettons notre patrimoine immunitaire à nos enfants ; si nous avons des « dettes » (carences et faiblesses), elles risquent de leur revenir (les métaux lourds sont transmis par voie placentaire !). Que cela nous encourage et nous renforce dans nos choix !

Conseils spécifiques

Favoriser la constitution de l'enfant

Donner des bases solides aux enfants est vital pour leur développement. Des habitudes alimentaires saines constituent un atout pour toute leur vie, surtout à notre époque de recrudescence des allergies, des troubles du comportement (retard du développement, autisme...) et de l'obésité. De plus, nous n'avons aucun recul sur les conséquences à long terme de l'alimentation industrielle et ses répercussions sur notre patrimoine génétique...

Choisissez de leur donner de saines habitudes et de bonnes bases pour leur avenir.

Les enfants ont besoin de beaucoup de nutriments pour grandir et se développer de façon optimale ; or, les carences sont de plus en plus fréquentes, car la génération fast-food absorbe énormément de sucres, de protéines et de graisses saturés, mais peu de minéraux et de vitamines. Elle est soumise de surcroît à un ensemble de facteurs qui abaissent les défenses immunitaires (voir « Alimentation et immunité », p. 36).

N'oubliez pas que le **lait maternel** est le plus approprié pour votre enfant, il contient notamment des substances qui aident son immunité à se construire.

Donnez des **céréales complètes** à vos enfants dès le matin, cela leur donnera une énergie de longue durée, évitera le besoin constant de sucreries en privilégiant une humeur plus égale, et apportera le quota indispensable en **vitamines B**.

Évitez le sucre blanc, c'est un de leurs pires ennemis : il déminéralise, donne des caries, abaisse les défenses immunitaires, favorise l'obésité et les sautes d'humeur (de l'hyperexcitabilité à la crise de larmes ou de nerfs !), etc. Donnez-leur des sucres sains : du sucre complet (ils adorent généralement cela), du miel (non chauffé), du sirop d'érable, du sirop de riz (sucre lent) ; **surtout, évitez l'aspartame.**

DONNEZ-LEUR DES FRUITS ET DES FRUITS SECS POUR LEURS ENCAS ET LEUR GOÛTER Sources de vitamines, de minéraux, de fibres, d'enzymes, etc., ils sont des protecteurs de notre santé et les enfants les aiment souvent beaucoup. N'oubliez pas de les utiliser pour combler leurs envies de douceurs.

Donner l'habitude à nos enfants d'en consommer (par exemple dans des yaourts) est une bonne alternative aux préparations toutes faites du commerce.

Ils aiment particulièrement certains fruits secs, pratiques à emporter ; il en existe une grande variété. Ils sont très riches en nutriments – pommes, mangues, papayes, bananes, raisin, dattes, ananas... Le choix ne manque pas, et cela remplace bien les bonbons. Privilégiez ceux issus de l'agriculture biologique, les autres sont bourrés de résidus toxiques et de conservateurs néfastes.

– Donnez-leur aussi des protéines végétales, la plupart des enfants aiment le tofu, les haricots, les oléagineux...
– Donnez-leur des légumes crus simplement accommodés, ils aiment naturellement les goûts simples et apprécient généralement beaucoup les graines germées, notamment les alfalfas.
– Pensez aux oléagineux en purée (leurs préférées sont celles de noisette, d'amande et de cacahouète), c'est pratique à tartiner et nutritif (protéines, minéraux, vitamines, acides gras essentiels). En saison, donnez régulièrement des noix, riches en oméga-3 (c'est bon pour leur cerveau !).
– Donnez-leur des algues ; le plus simple est de mettre à disposition des algues en paillettes qu'ils peuvent saupoudrer eux-mêmes sur leurs aliments. Vous verrez que la plupart des enfants les aiment beaucoup et que cela boiste leur système immunitaire en évacuant les éléments toxiques hors de leur corps (métaux lourds, substances radioactives...) et en leur apportant des mines de nutriments indispensables.
– Pensez à la spiruline, souvent les enfants l'aiment beaucoup alors qu'ils ne mangent pas toujours facilement de verdures (voir « La chlorophylle », p. 267).
– Pensez aux cures de pollen aux changements de saison.
– Variez leur alimentation pour qu'ils puissent manger de tout et garder l'esprit ouvert, en privilégiant les aliments naturels. Allez ensemble au marché, choisissez les fruits et légumes qui leur plaisent, et allez même dans les magasins asiatiques pour leur faire découvrir d'autres choses ! Enseignez à vos enfants la différence entre la nourriture qui renforce et celle qui affaiblit, ils ne peuvent pas l'apprendre seuls.

Cuisinez ensemble si vous le pouvez.

Ne les frustrez pas : les enfants ont socialement besoin de se sentir « comme les autres » ; il existe maintenant des friandises sans sucre blanc ni additifs chimiques qui copient les bonbons classiques et du chocolat au sucre complet (apprenez à lire les étiquettes et bannissez les ingrédients « qui ne poussent pas dans la nature »).

Et n'oubliez pas : le meilleur apprentissage est l'exemple que vous leur donnez...

L'alimentation pour l'âge d'or

L'espérance de vie augmente dans les pays industrialisés. Cette statistique ne donne pas d'indication sur l'état de santé des personnes vivant plus âgées.

Quatre-vingt pour cent de la population de plus de 65 ans est malade du cœur, d'arthrite, de diabète, d'hypertension, ou souffre de mauvaise digestion, de problèmes de circulation, de rhumatismes... Pourtant, prendre de l'âge en bonne santé, c'est possible ! En fait, le vieillissement est moins lié aux années qui passent qu'à l'intégrité de nos cellules et des tissus. Voici quelques mesures qui permettent par l'alimentation de prolonger la vie, améliorer la santé et ralentir le vieillissement.

– Veiller à la richesse nutritionnelle de l'alimentation. 30 à 60 % des personnes résidant en hospice sont dénutries (étude SU.VI.MAX). Préférer la qualité à la quantité : consommer des fruits et légumes frais (si vous ne supportez pas les crudités, buvez-en donc le jus frais ! Cela offre un apport rapide et digeste de nutriments de haute qualité). Les graines germées sont aussi très digestes. Ne pas oublier les verdures (voir « La chlorophylle », p. 267).
– Privilégier une nourriture riche en enzymes.
– Inclure des aliments ayant des propriétés antioxydantes (vitamines C et E, sélénium, bêta-carotène, acides gras oméga-3 et 6).
– Favoriser le transit par des aliments riches en fibres (fruits et légumes, céréales semi-complètes et complètes...) et en ferments (yaourts, miso, choucroute crue, tamari...). 80 % des maladies proviennent d'une mauvaise digestion.
– Manger des algues pour leurs nutriments de haute qualité (notamment du calcium, du magnésium, du fer) et leurs propriétés dépolluantes et équilibrantes du système hormonal. De plus, elles apportent une touche salée compatible avec un régime sans sel.
– Favoriser les protéines végétales, dépourvues de cholestérol et moins acides ; elles sont aussi plus digestes.
– Penser au soja, très riche en protéines et dépourvu de cholestérol, qui permet de limiter les problèmes cardiovasculaires. De plus, il contient des substances qui protègent du cancer et aiderait les femmes qui en consomment régulièrement à passer en douceur le cap de la ménopause...
– Utiliser des huiles riches en acides gras essentiels pour nourrir la peau, le système nerveux, les artères et le système hormonal. Penser à faire des cures d'huile de bourrache et d'onagre.
– Boire de l'eau fraîche régulièrement.
– À réduire : les produits d'origine animale, car ils contiennent des graisses saturées, qui entraînent diabète, obésité, excès de cholestérol, maladies cardiovasculaires, troubles de la circulation, constipation. De

plus, ils sont très acidifiants, ce qui augmente le taux d'acide urique (qui provoque des calculs) et fait baisser le taux de calcium osseux (les produits laitiers inclus ; voir « Les produits laitiers », p. 50).

Les combinaisons alimentaires

Notre organisme n'assimile pas tous les aliments de la même façon, et certains mélanges d'aliments provoquent des troubles digestifs (gaz, constipation...) et/ou une mauvaise assimilation des nutriments. Il existe beaucoup de théories à ce sujet, qui diffèrent et même se contredisent ; il faut donc trouver ce qui nous convient individuellement, en s'observant : si après un repas on se sent lourd et/ou ballonné, c'est qu'il y a un problème...
Voici quelques règles générales, tout en sachant que dans ce domaine aussi chacun est unique et réagit différemment.

Un repas devrait être le plus simple possible.

▶ **LES FRUITS**
Les manger seuls sans les mélanger à d'autres aliments (la pomme exceptée). Les déguster de préférence en dehors des repas ou en faire un repas en soi.

▶ **LES FRUITS DE LA FAMILLE DES PASTÈQUES ET MELONS**
Se dégustent seuls (non mélangés aux autres fruits) ou vingt minutes avant le repas.

▶ **LES PROTÉINES**
Choisir, en élaborant le repas, si la source de protéines sera végétale ou animale.

▶ **SÉPARER LES DOUCEURS DU REPAS**
(notamment les sucres rapides). Le traditionnel dessert empêche la bonne digestion du reste.

L'équilibre des repas

Manger équilibré ne se fait pas sur un repas, il faut prendre en compte l'ensemble de la journée !

Lorsque nous élaborons notre menu, il convient au préalable de décider quelle sera la source de protéines principale (animale ou végétale). Ensuite nous ajoutons les autres composants. En effet, si les protéines sont indispensables, le mieux étant l'ennemi du bien, il convient aussi de ne pas en consommer trop (les repas classiques où il y a parfois viande, œufs, fromage sont une surcharge pour l'organisme, et un excès de protéines nuit à la santé).

Exemple d'un repas équilibré

Entrée de crudités
légumes variés de saison, verdure, germinations, herbes aromatiques...

Assaisonnement
huile crue et condiment au choix

Légume(s) cuit(s) de saison

Céréale
(complète ou semi-complète)
ou féculent
(pomme de terre, châtaigne...)

Complément protéique
(végétal ou animal)

Le rythme des repas

PETIT DÉJEUNER Il doit être copieux (si on a faim) et prendre en compte l'activité du matin (assis au bureau, sport, travail de force...). Si on a dîné tard la veille ou fait un repas lourd, la digestion de celui-ci continue le matin, c'est pourquoi beaucoup d'adultes n'ont pas faim en se réveillant. Dans ce cas, ne surtout pas se forcer, attendre le déjeuner ou manger un fruit (ou plus) en fin de matinée si le besoin se fait sentir.

LE DÉJEUNER Il doit être complet et le repas le plus équilibré de la journée, contenant tous les nutriments essentiels.

Le dîner Il doit être léger ou être pris tôt (environ quatre heures avant de dormir pour avoir l'estomac vide). Éviter trop de protéines et de graisses saturées (vous verrez alors que vous aurez faim le matin).

Comment trouver une alimentation juste pour soi ?

Il n'existe pas « une » façon de se nourrir ; notre alimentation évolue et fluctue suivant la saison, l'environnement social, l'âge, la santé, etc. Il est important de comprendre ses besoins, de « nettoyer » son organisme, de savoir gérer les excès, d'apprendre à se faire confiance, de suivre son instinct (et non ses compulsions), d'aimer ce que l'on mange, de varier les menus pas à pas, d'écouter son corps chuchoter ce dont il a réellement besoin, car lui seul le sait.

Mangez seulement quand la « vraie » faim est là !

Quels sont nos besoins au quotidien ?

Tout comme notre voiture qui, pour fonctionner de façon optimale, a besoin de carburant, d'huile, d'eau, d'être vidangée et d'avoir les filtres nettoyés régulièrement, nous avons besoin de consommer des aliments de bonne qualité, adaptés, et de purifier nos organes d'élimination (côlon, foie, reins) à intervalles réguliers.

Pour que nos cellules se renouvellent, nous avons besoin d'apporter chaque jour à notre corps par l'alimentation ces éléments de base dont nous sommes composés : **des protéines, des lipides, des minéraux, de l'eau**. Pour fournir l'énergie qui nous active et optimiser notre fonctionnement, nous avons besoin de combustibles : **des glucides, des vitamines**. Tous ces éléments nutritifs apportent les nutriments **indispensables** au bon fonctionnement de notre organisme. Puis, pour éviter l'encrassement et l'accumulation de toxines, pour bien digérer et assimiler les nutriments, nous avons aussi besoin **de fibres, de ferments actifs, d'enzymes**. Enfin, pour nous protéger des diverses pollutions de l'environnement, ralentir le vieillissement et renforcer nos défenses immunitaires, nous avons besoin **d'antioxydants, de chélateurs** (voir « Les algues », p. 256) et **de dépollueurs**.

NUTRITION & RECETTES

Les protéines

Les protéines sont comme un mur qui serait constitué de briques que l'on nommerait « acides aminés » (AA). Il y a vingt acides aminés communément trouvés dans les protéines (végétales et animales). Il est généralement admis que huit d'entres eux sont indispensables : leur rôle est vital, l'organisme ne peuvent pas les synthétiser seul, ils doivent donc être présents dans notre alimentation.

Les protéines animales : œufs, viandes, poissons, laitages

🙂 AVANTAGES

Contiennent tous les acides aminés indispensables concentrés en un seul aliment (œuf et viande surtout).

🙁 INCONVÉNIENTS

Contiennent des graisses saturées (cholestérol) ; pauvreté en fibres, en glucides.

Dans nos pays industrialisés, nous avons été conditionnés à consommer des protéines animales à chaque repas. Une question tout de même doit être posée :

Sommes-nous des carnivores ?

Voici de quoi nous donner matière à réflexion, si on veut bien se donner la peine d'observer la nature…

L'intestin des êtres humains est très long ; or, dans le règne animal, si l'on compare les intestins d'un herbivore (vache, cheval…) à ceux d'un carnivore (lion, crocodile…), on s'aperçoit d'une grande différence : les animaux carnivores ont des intestins courts et lisses (voir dessin ci-contre) contrairement aux autres ; pourquoi ?

Parce que le temps de transit intestinal doit être rapide, sinon il se produit des fermentations et putréfactions intestinales (gaz, ballonnements…). Ce problème ne se pose pas avec les protéines végétales puisque les fibres qu'elles contiennent servent aussi à nettoyer les intestins et à faciliter le transit. Or, il est maintenant prouvé que les gros mangeurs de viande sont largement plus sujets au cancer du côlon que les non-mangeurs (le risque est 50 % plus élevé ; suivant certaines estimations, 1 Français sur 25 est ou sera touché ; source : www.e-sante.fr). De même, les carnivores ont des canines pour déchiqueter la chair de leurs proies

L'intestin humain diffère radicalement de celui des autres carnivores.

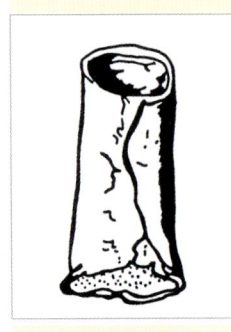

Segment de l'intestin typique d'un carnivore (forme lisse et pleine)

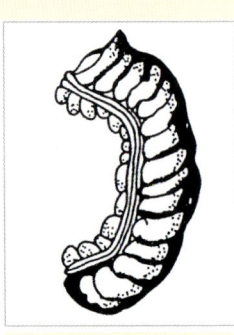

Segment de l'intestin typique d'un être humain (protubérances et cavités)

(voyez les « couteaux » dans la mâchoire des chats, des requins...) ; nous, les humains, comptons 4 canines, 8 incisives, 20 molaires et prémolaires. Cette répartition montre clairement la proportion de viande que l'on devrait consommer en réalité si l'on restait en accord avec notre nature.

Viande = fer ?

Il est à noter que la consommation de viande rouge n'est pas la garantie contre la carence en fer. Son assimilation dépend surtout de l'apport en vitamine C, qui est indispensable. Donc un gros mangeur de viande qui ne mange pas de végétaux frais et crus (riches en vitamine C) peut très bien être carencé. On trouve aussi du fer dans le règne végétal.

Les poissons

Ils contiennent des protéines et des lipides de qualité (A, G, E, de type oméga-3). Le plus gras des poissons est moins gras que la plus maigre des viandes. L'important est de choisir du poisson de **qualité**, car les gros poissons (qui sont au bout de la chaîne alimentaire) tels que le thon, l'espadon, le marlin, etc., sont souvent contaminés par des métaux lourds. Les poissons issus d'élevages intensifs, eux, récupèrent des antibiotiques et d'autres résidus chimiques (notamment des colorants pour des saumons bien roses...). Pour préserver ses qualités nutritives, n'oubliez pas de déguster le poisson **cru ou mariné** (au citron et à l'huile d'olive par exemple). Sinon les précieux acides gras deviendront des graisses dites « trans », un fléau pour notre santé ! (Voir « Les huiles et graisses (lipides) », p. 229.)

Les proteines proviennent de sources animales et végétales.

Les œufs

Il sont considérés comme une source de protéines parfaite, mais **le jaune** contient tout de même 1,6 g de cholestérol pour 100 grammes (c'est-à-dire 6 fois plus que le beurre, 33 fois plus que les noix et 500 fois plus que l'huile d'arachide !). Cela dit, ils contiennent aussi de la lécithine, qui fait baisser le taux de cholestérol, **à condition de les consommer crus** (la lécithine reste alors intacte). De toute façon, comme toutes les protéines animales, l'œuf serait nocif cuit à haute température (lire *L'Alimentation ou la Troisième Médecine*). Tout cela lui laisse peu de place en tant qu'aliment sain dans la plupart des recettes traditionnelles où il est habituellement cuit à haute température et pendant longtemps. Selon l'ANIA (Association nationale de l'industrie alimentaire), l'œuf est en tête de liste des allergènes notoires, surtout chez l'enfant. Si vous consommez des œufs, choisissez de manger des œufs extrafrais **de la meilleure qualité** (fermiers, issus de poules « heureuses » et bien nourries), préparés à la **coque** ou **pochés** (blanc pris et jaune liquide). C'est simple et délicieux.

Les produits laitiers

La publicité des producteurs de lait nous dit : « Buvez du lait, mangez des produits laitiers, c'est bon, ça aide à grandir, ça donne du calcium, c'est un aliment parfait ! » En effet, le lait est parfait pour... un veau avec quatre estomacs, qui va doubler son poids en quarante-sept jours, pèsera jusqu'à 500 kilos à un an, développera peu de cervelle, et qui enfin se sert directement au pis de sa mère d'un lait qui n'a pas perdu sa digestibilité (enzymes et flore bénéfique) lors de la pasteurisation. A-t-on jamais vu d'autres créatures que l'homme et les animaux domestiques qu'il nourrit boire du lait toute leur vie ?

Quand vous consommez des produits laitiers, préférez les produits fermiers naturels ou bio au lait cru (évitez la pasteurisation).

Réalités à propos du lait

- C'est une des plus hautes causes d'allergie alimentaire répertoriées.
- La caséine (protéine du lait) est utilisée pour faire de la colle (la blanche, celle des écoliers) et adhère durablement aux intestins, faisant ainsi obstacle à l'assimilation des nutriments.
- Cinq à 30 % des Occidentaux (hormis ceux des pays nordiques) ne produisent plus à l'âge adulte l'enzyme (lactase) qui permet de digérer le lait. La quasi-totalité des Asiatiques et des Africains perd également cette enzyme.
- Il est très riche en graisses saturées responsables de multiples maladies, notamment cardiovasculaires.
- Son calcium est très mal assimilable par l'homme et se loge dans les jointures des os, entraînant des rhumatismes et d'autres maladies.
- La pasteurisation permet de conserver le lait, mais détruit aussi les enzymes et les ferments naturels que le lait cru contient et qui auraient permis de le digérer. (Un veau nourri au lait pasteurisé de sa propre mère ne survit pas plus de six semaines !)
- Le lait est un concentré des substances toxiques que l'animal a absorbées (pesticides, herbicides, hormones, antibiotiques et vaccins), car il est le plus souvent issu d'une production intensive inhumaine. D'ailleurs, après avoir été pompée continuellement pendant cinq ans, dopée pour tenir le coup, la vache est envoyée à l'abattoir en guise de remerciements.

LE SAVIEZ-VOUS ?

Une réduction de la consommation des produits laitiers peut considérablement aider à éviter de nombreux problèmes de peau (eczéma, psoriasis...), le nez qui coule, les bronchites et autres problèmes respiratoires (asthme compris), les sinusites, les otites (notamment celles à caractère chronique), ainsi que les poussées d'arthrite.

Le lait de brebis et le lait de chèvre ainsi que leurs sous-produits (fromage, yaourt) sont un peu plus digestes.

On peut se passer du lait

Les laits[1] végétaux (riz, amande, coco, soja...) se trouvent partout et peuvent remplacer le lait de vache dans toutes ses utilisations (pâtisseries, yaourts, boissons) ; ils sont délicieux, nutritifs, digestes et sans cholestérol.

Voici quelques sources végétales de calcium

Les amandes, les noisettes, le sésame, les navets, le tofu, tous les légumes vert foncé (et surtout les choux, notamment le brocoli), les algues (certaines, à poids égal, en contiennent 14 fois plus), les graines germées, les dattes, les figues (1 figue sèche de 50 grammes contient la valeur en calcium d'un yaourt, 6 figues sèches équivalent à la ration quotidienne recommandée de calcium).

Dans l'imaginaire collectif, le mot « protéine » évoque immanquablement la viande et les sous-produits animaux. À tel point que l'on oublie trop souvent que le règne végétal offre lui aussi des protéines de qualité.

Les protéines végétales

Les aliments qui procurent le plus de protéines dans le monde végétal sont les légumineuses (pois, haricots, lentilles, arachides, soja et produits à base de soja), les céréales et produits à base de céréales non raffinés (blé, avoine, riz, orge, sarrasin, millet, pâtes, pain...), les oléagineux (noix, noisettes, amandes...) et graines (tournesol, courge, sésame) ainsi que les champignons, les avocats, la levure de bière, les algues, les graines germées, certains légumes (chou en particulier)... À certains de ces aliments il manque (ou il existe en quantité faible) un ou deux acides aminés indispensables (qui se complètent mutuellement

---

[1] Voir p. 59

IDÉE RECETTE

Petite sauce rapide à la crème de coco

Ingrédients
- Lait de coco
- Herbes ou épices : herbes de Provence, persil, ciboulette, estragon, paprika, curry, garam masala, sel, poivre

Préparation
Mélanger les ingrédients choisis, éventuellement chauffer un peu, c'est prêt !

ASTUCE PRATIQUE

Le *lait* ou crème de coco est issu de la pulpe de noix de coco, parfois mêlée à un peu d'eau. La consistance épaisse ressemble plus à celle de la crème qu'à celle du lait. D'un goût très agréable, il « exotise » un grand nombre de plats et remplace la crème du lait de vache en versions salée comme sucrée. Choisir du *lait* de coco de qualité (il ne doit y avoir que du coco dans la boîte, attention aux additifs !). Souvent, une partie du produit est figée sur le dessus ; vous pouvez la fouetter pour créer un décor gourmand (sur une soupe, une salade de fruits...). Sinon, chauffer légèrement le tout pour réunifier la texture (tremper la boîte dans de l'eau très chaude).

NOTE SANTÉ

C'est le seul *lait* végétal qui contienne des graisses saturées.

dans les céréales et légumineuses) ; on appelle cela le facteur limitant. Pour cette raison, les protéines végétales ont été longtemps déconsidérées en tant que source protéinique unique. Or nous ne mangeons pas qu'un seul aliment par jour ! La combinaison céréales/légumes secs, connue depuis toujours, fournit parfaitement les huit acides aminés essentiels en un seul repas.

Exemples de combinaisons traditionnelles :
Chine : riz + soja ; Inde : riz + lentilles ; Mexique : maïs + haricots rouges ; Afrique du Nord : couscous + pois chiches.

☺ AVANTAGES

Elles apportent des protéines de qualité, et nous font également bénéficier de leurs fibres, vitamines, acides gras essentiels, lipides sains, minéraux et glucides. Elles sont plus économiques, et leur production a sur l'environnement un effet bien moins dévastateur que celle des protéines animales (avec des ressources équivalentes, on décuple largement le nombre de personnes nourries).

Les combinaisons strictes de protéines à chaque repas ne sont pas nécessaires. Cette théorie prétendant que les aliments comportant des acides aminés complémentaires (comme les légumineuses et les céréales) devraient être absolument mangés **ensemble**, à chaque repas, pour assurer l'apport optimal en protéines, est maintenant dépassée. Il n'est pas nécessaire de combiner ces aliments **strictement à chaque repas**. Des quantités largement suffisantes d'acides aminés sont obtenues si divers aliments riches en protéines végétales sont consommés **au cours de la journée**.

Le soja

Graine de la famille des légumineuses, le soja est un aliment complet extrêmement riche en protéines bien équilibrées (comparable à la viande), en vitamines (B, E), en minéraux (magnésium, calcium, fer, zinc...) et contient des lipides de qualité (dont 8 % d'oméga-3) et des fibres. Non seulement il ne contient **pas de cholestérol**, mais il contribue à faire baisser le taux de « mauvais » cholestérol de la personne qui le consomme. D'après de nombreuses études, le soja contiendrait des substances protectrices contre le cancer (*Anticancer*, David Servan-Schreiber, éd. Robert Laffont). Enfin, pour faire une petite comparaison avec le lait de vache, le *lait* de soja contient : 0 % de cholestérol, 59 % d'acides gras polyinsaturés dont 88 % d'oméga-6 et 12 % d'oméga-3 (ce qui est bien équilibré), contre 0 % de ces mêmes acides gras et 66 % d'acides gras saturés (5 miligrammes de cholestérol) pour le lait de vache.

Sur 1 hectare, on peut produire 25 kilos de protéines de bœuf ou 500 kilos de protéines de soja.

ATTENTION ! Ne pas confondre le soja jaune d'où sont tirés le *lait*, le tofu, le tempeh, et le soja vert, ou haricot mungo, que l'on consomme le plus souvent germé. C'est le soja jaune qui est une source d'allergie pour certains, moins cependant que le lait, le gluten, les œufs...

LE SOJA FAIT BEAUCOUP PARLER DE LUI C'est un aliment controversé. Comme toujours en matière de diététique, on entend tout et son contraire ! La campagne de dénigrement menée depuis quelque temps en France véhicule des généralisations.
Il semblerait que la polémique concerne surtout les compléments alimentaires à base de soja, qui ont été très concentrés en phytohormones (isoflavones) et qui seraient liés à des risques d'infertilité. Ces mêmes isoflavones, sont aussi reconnues pour être dotées d'une molécule anticancer puissante (la génistéine) qui a le pouvoir de contrecarrer l'apparition de plusieurs sortes de tumeurs. En conséquence, une consommation modérée de soja sous sa forme alimentaire, de façon à absorber 25 à 40 miligrammes d'isoflavones par jour, ne peut qu'avoir des effets positifs sur la santé en réduisant considérablement les risques de cancers.

Comme tous les aliments concentrés en protéines, il ne faut pas en abuser.

Selon l'AFSSA (Agence française de sécurité sanitaire des aliments), pour éviter d'éventuels problèmes liés à ces phytohormones qu'il contient, il faudrait ne pas consommer plus de 1 miligramme d'isoflavones par kilo de poids et par jour. Mais la teneur varie beaucoup d'un produit à l'autre. Le tofu est l'aliment à base de soja qui en contient le plus en dehors de la graine entière, très peu consommée

> **C'est la dose qui fait le poison ; quel aliment, consommé en excès, est bon pour la santé ?**

en France. Pour donner une idée, il faut 200 grammes de tofu pour obtenir environ 60 miligrammes d'isoflavones ; cela représente la dose qu'il ne faudrait pas dépasser pour une personne de 60 kilos, ce qui laisse de la marge ! **Le *lait* de soja ne contient que 9 miligrammes d'isoflavones pour 100 grammes. Et la sauce soja, encore moins : 1,7 miligrammes par 100 grammes (on n'en consomme jamais ces quantités !).**

(Données extraites du livre *Les Aliments contre le cancer*, Drs Richard Béliveau et Denis Gingras, éd. Solar.)

Le soja dans tous ses états

Le tofu
Sorte de fromage fait avec du soja, issu d'une tradition culinaire asiatique. Protéine végétale concentrée, il remplace la viande ou le fromage dans les recettes. Son goût est neutre et il prend la saveur des ingrédients utilisés dans la recette ; il peut être utilisé pour des préparations sucrées ou salées.

Le tempeh
Issu d'une tradition culinaire de l'Indonésie, c'est une protéine végétale concentrée. Il remplace la viande dans les recettes (pour les plats salés uniquement). Son arôme de champignon le rend plus goûteux que le tofu. Il est produit par fermentation du soja, ce qui le rend plus digeste. Encore peu répandu en France.

Les protéines de soja texturées
Aliment récent, industrialisé, riche en protéines superconcentrées (70 %) ; elles remplacent aussi la viande dans les recettes. À utiliser plus ponctuellement que les autres formes de soja, qui sont plus naturelles. Vous trouverez aussi du soja sous forme de *lait* ou filtrat de soja, de yaourts, de crèmes, ainsi qu'une multitude de produits dérivés.

La sauce soja

LE TAMARI Traditionnelle sauce de soja **fermentée naturellement pendant trois ans**. De goût très salé, il remplace le sel dans la plupart des recettes et l'organisme l'assimile bien. D'une saveur agréable, met en valeur le goût des aliments. Il est source de protéines (il contient les huit principaux acides aminés), de vitamines du groupe B, d'enzymes et de ferments bénéfiques pour la digestion. Ne pas confondre avec la sauce soja industrielle préparée artificiellement en deux heures, bourrée de produits chimiques.

LE SHOYU Similaire au tamari, moins concentré, souvent préparé avec du blé ; attention aux allergies au gluten !

Les légumineuses

Appelées aussi légumes secs. Leur famille comprend : les haricots secs, les lentilles, les pois (frais, secs, pois chiches), les fèves, le soja, les arachides. Ces glucides lents (source d'énergie de longue durée), sont le complément protéique idéal des céréales (22 à 37 % de protéines) ; une petite quantité consommée en plus de celles-ci apporte tous les acides aminés nécessaires à nos besoins quotidiens. Riches en vitamines et en minéraux (vitamines B, calcium, magnésium, fer), elles sont pauvres en lipides. Délaissées au profit de la viande après la guerre de 1914, on redécouvre depuis peu leurs qualités.

Les oléagineux

Amandes, noix, noisettes, cajou, noix du brésil, pistaches, sésame, tournesol, pignons... sont une source remarquable de protéines végétales. De plus, ils sont extrêmement riches en minéraux (magnésium, fer, calcium...), vitamines (B, A et E) et lipides insaturés de qualité, dépourvus de cholestérol. Ils sont un excellent aliment pour les sportifs, les enfants, les anémiés, les jeunes mères, etc. Ayant des acides aminés complémentaires aux légumineuses, les graines oléagineuses peuvent judicieusement trouver une place dans nos menus. Elles sont délicieuses entières (les tremper quelques heures dans de l'eau améliore encore le goût et la digestibilité), en *lait* ou en purée. Elles peuvent remplacer le beurre, la crème, le lait et même l'œuf de la mayonnaise.

Les besoins en protéines

Actuellement, les apports recommandés sont de 0,8 à 1 gramme de protéines par kilo du poids d'une personne et par jour. Ces standards sont surévalués, car les experts ne sont toujours pas entièrement sûrs de la quantité exacte de protéines dont nous avons réellement besoin...

Les protéines et les risques de maladies

La consommation excessive de protéines peut être associée à des risques de maladies. Le fonctionnement du rein peut être compromis par trop de protéines chez les personnes âgées et chez les malades ayant des problèmes rénaux. Une alimentation riche en protéines de viande provoque une augmentation générale de l'acidité de l'urine. À cause de l'acidité, l'acide urique ne peut pas être dissous facilement et peut former un calcul rénal. De plus, leur digestion entraîne une fuite de calcium par les urines et peut favoriser l'ostéoporose. En fait, plus on mange de protéines, plus la fuite est importante et contribue à la déminéralisation des os, quel que soit l'apport en calcium (dans toutes les populations, plus l'alimentation est riche en protéines, plus l'ostéoporose est répandue, y compris dans les pays où il se consomme le plus de produits laitiers). Les études montrent que beaucoup d'omnivores mangent plus de protéines que la quantité recommandée.

Attention aux excès !

Peut-on vivre sans protéines animales ?

Il est parfaitement possible de vivre sans protéines animales, c'est un choix que beaucoup de personnes ont fait. Cela demande néanmoins de bien comprendre nos besoins et la manière de les satisfaire. Une supplémentation en vitamines B12 est recommandée. La consommation de graisse de coco de qualité (notamment en hiver) assurera un apport en graisses saturées indispensables, d'origine végétale, qui en plus de donner un sentiment de satiété va contribuer à l'équilibre de la santé (il ne faut pas oublier que notre cœur est entouré et protégé par des acides gras saturés). Une nourriture 100 % végétale variée et réfléchie, apporte les niveaux adéquats d'énergie et de protéines pour assurer une bonne santé à tous les groupes d'âges, comme le montrent les études à travers le monde. En fait, il est admis maintenant que lorsqu'on a une alimentation variée, il est très rare de manquer de protéines, y compris avec une alimentation strictement végétale (voir tableau ci-contre).
**Peut-on obtenir suffisamment de protéines sans produits animaux ?
Oui, sans même faire d'efforts !**

Régime hypothétique entièrement végétal

Ration recommandée par jour pour une personne d'environ 60 kilos	Calories	Protéines (grammes)
Petit déjeuner		
1 verre de jus d'orange	111	1,7
1 tasse de flocons de céréales	148	5,4
15 g de graines de tournesol	80	3,5
1 c. à soupe de sucre complet	52	0
3 c. à soupe de raisins secs	87	0,9
Déjeuner		
2 c. à soupe de purée d'arachide	172	7,8
2 tranches de pain complet	112	4,8
1 c. à soupe de miel	64	0,1
1 pomme	87	0,3
2 petites carottes	42	1,1
Dîner		
1 tasse de haricots cuits	236	15,6
1 tasse de riz brun cuit	178	3,8
3 branches de brocoli	52	6,2
4 champignons	28	2,7
2 c. à soupe d'huile	248	0
1 tasse de jus de pomme	109	0,3
½ banane	64	0,8
Collation		
1 tasse ½ de maïs soufflé, avec de l'huile	123	2,7
Total	1993	57,7

Tiré de l'édition révisée de *Sans viande et sans regrets*, Frances Moore Lappé, éd. L'Étincelle.

Nous sommes tous différents et nos besoins varient !

Cela dit, il n'est nul besoin de tomber dans un extrême. Le végétarisme ou le végétalisme strict conviennent à certaines personnes mais pas à toutes, et chacun doit trouver sa voie alimentaire, l'équilibre qui lui convient personnellement. Certains consommeront du poisson ou de la volaille une fois par semaine et un plateau de fromages ou des œufs de temps en temps. D'autres ont besoin (ou envie) de protéines animales plus souvent. Encore une fois, ne laissez personne décider pour vous ce que vous devez manger, suivez les règles de base (voir « L'équilibre des repas », p. 44) et, pour le reste, laissez faire votre instinct qui, accompagné de votre conscience, trouvera ce qui est juste pour vous.

« Rien en excès » pourrait être la devise !

Comment remplacer les laitages dans les recettes ?

Il est simple de remplacer les laitages dans les recettes. De nombreuses marques dans tous les commerces proposent des substituts au lait animal sous forme liquide, crémeuse ou en poudre. Ces *laits* sont en fait des solutions lactées extraites de végétaux. Nommés aussi « filtrats », « jus de » ou « boissons de… »

Blancs et liquides, ils ressemblent seulement visuellement au lait animal.
Ces boissons ou crèmes à base de céréales (riz, avoine, quinoa…), de légumineuses (soja en général), d'oléagineuses (amande, noisette, coco…) et de divers mélanges aromatisés (ou pas) sont très répandus.
Voyons un peu les caractéristiques des plus connus d'entre eux.

Le *lait* de soja

LE *LAIT* DE SOJA : c'est le plus connu car l'un des premiers à être arrivé sur le marché. On en trouve désormais partout.

SON GOÛT : on le trouve nature et aromatisé.

Nature, il a un goût neutre peu intéressant mais pratique, car versatile. On peut l'utiliser aussi bien sucré que salé et il est surtout conseillé pour des préparations (béchamel, pâte à crêpes…) ou des boissons aromatisées (smoothies aux fruits, chocolat chaud, café au lait…) car il n'est pas agréable de le boire seul.

Vendu déjà aromatisé à la vanille, au chocolat et autres parfums, il devient délicieux en boissons chaudes ou froides, mais il contient du sucre ajouté. Le goût et la consistance varient suivant les nombreuses marques, essayez-en plusieurs avant de faire votre choix.

PROPRIÉTÉS : aussi riche en protéines que le lait de vache, il contient tous les acides aminés essentiels et pas de graisses saturées. Dépourvu de cholestérol, il exerce en plus une action hypocholestérolémiante, c'est-à-dire qu'il réduit le taux de « mauvais cholestérol » et diminue donc les risques cardiovasculaires.
Il ne contient pas de calcium mais on le trouve souvent « enrichi en calcium ».
Réagissant comme le vrai lait animal, ce substrat peut coaguler et se transformer en une sorte de fromage (le tofu). Il fait même une

« peau » sur le dessus en chauffant et on peut en faire des yaourts. Il remplace facilement le lait de vache dans toutes les recettes.

Il n'est pas toujours bien digéré et certaines personnes y sont intolérantes. À éviter pour les bébés. N'en abusez pas en boisson. Le mieux est de varier avec d'autres *laits* et de faire des mélanges (soja/riz ⅓ pour ⅔ ou soja/amande moitié/moitié) pour cumuler leurs qualités nutritionnelles respectives. Comme toujours en diététique, la règle est : « Rien en excès. »

Pensez aussi à vérifier que la mention « sans OGM » soit bien indiquée sur l'emballage.

Le *lait* de riz

SON GOÛT : neutre, délicat et naturellement doux sans sucres ajoutés. Il est délicieux et très léger. Sa saveur varie légèrement suivant les fabricants et les sortes de riz utilisés. Il remplace avec bonheur le lait de vache partout, sans dénaturer le goût du café ou du chocolat dans les boissons chaudes ou autres préparations. C'est celui qui remplace le plus facilement le lait de vache en boisson pour les enfants, car ils l'apprécient beaucoup en général.

PROPRIÉTÉS : riche en glucides, en vitamines et minéraux, il est dépourvu de cholestérol, pauvre en protéines et lipides. Très digeste et très doux pour l'estomac, il est particulièrement recommandé aux enfants et aux estomacs sensibles. En boisson pour les bébés et jeunes enfants, il est intéressant de le mélanger avec du *lait* d'amande ou de noisette afin de l'enrichir en nutriments (protéines, fer, magnésium, calcium, acide gras essentiels...). Il ne contient pas de gluten.

Le *lait* d'amande

SON GOÛT : d'amande riche et délicieux. Il en parfume subtilement les boissons et préparations sucrées comme salées en remplacement du lait animal. On le trouve aussi sous forme de poudre, ce qui est bien pratique. On peut aussi diluer de la purée d'amande avec de l'eau (environ 1c. à soupe par ¼ de litre) pour obtenir ce délicieux breuvage. Suivant les marques, du sucre est ajouté et la quantité d'amandes utilisée au litre varie. Le mieux est de lire les étiquettes.

PROPRIÉTÉS : énergétique et nutritif. Sa richesse en minéraux (calcium, magnésium), en fer, en protéines et en lipides de qualité (acides gras essentiels) fait sa force (il faut manger 7 amandes pour obtenir la même quantité de calcium que pour un litre de lait). Antiseptique pour les intestins, il est aussi très digeste. Il est recommandé pour la croissance, donc à privilégier pour les enfants. Il peut être mélangé avec du *lait* de riz ou de soja pour s'habituer en douceur à de nouvelles saveurs.

Le *lait* de noisette

Son goût : caractéristique à ce délicieux oléagineux, il est naturellement sucré et plaît beaucoup aux enfants. Parfait pour des chocolats chauds originaux ou pour la création de pâtisseries savoureuses.

Propriétés : similaires à l'amande bien que plus riche en potassium et un peu moins en magnésium et protéines.

Comment remplacer fromages, beurre, crèmes ?

Le soja est une option pratique pour remplacer fromages, yaourts et crèmes diverses. Si vous le tolérez, il peut être un précieux allié car il possède des particularités bien à lui ce qui en fait un substitut très valable.

Voir le faux-mage frais p. 72, la crème chantilly végétale multi-usage p. 158, crème magique au faux-mage p. 238

Les graines oléagineuses font de remarquables substituts : entières, concassées (plus ou moins finement suivant le « croquant » désiré) ou en purée, elles sont un atout indispensable pour enrichir vos repas de façon gourmande et nutritive.

Vous les retrouverez au fil des recettes de ce livre.

Le beurre animal peut être remplacé par des « beurres végétaux ». Les purées d'amande, noisette, beurre de coco, sésame sont de bons substituts à tartiner sur pains et crackers ou pour remplacer la crème. Généralement dépourvus de graisses saturées et cholestérol, il sont riches en AGE (acides gras essentiels). Rare exception, le beurre de coco qui est pourvu en graisse saturée de qualité très digeste pour le foie.

Voir aussi « Idées recettes avec de la purée d'oléagineux » p. 63.
La recette de beurre végétal p. 237.

Comment remplacer les œufs dans les recettes ?

Il y a plusieurs façons de les remplacer suivant l'effet recherché.

- La fécule (arrow-root, fécule de pomme de terre, tapioca...) : 1 c. à soupe rase remplace 1 œuf dans une recette de pâtisserie (gâteau, pancake, clafouti, biscuits...).
- Le tofu (ferme ou soyeux) pour faire des soufflés ou des flans, des quiches, des fonds de tartes sucrés, des « omelettes » (voir recettes...).
- La farine de pois chiches donne du liant pour des préparations salées (cakes, galettes, pâte à tartes salée, crêpes salées...).
- L'agar agar est utilisé pour les flans (froids). En y ajoutant de la chantilly végétale, on retrouve la consistance des œufs en neige dans certaines recettes froides uniquement. (Voir mousse au chocolat ou de fraises p. 165 et 166.)
- Les graines de lin moulues et mélangées à son double de volume d'eau gélifient et remplacent bien les œufs dans certaines recettes (voir recette des pâtes maison p. 114, et de la pâte à crêpes p. 154).
- La compote de pomme ou la banane écrasée donnent de la texture dans les recettes de desserts sucrées (voir fonds de tartes p. 156).

IDÉES RECETTES AVEC DE LA PURÉE D'OLÉAGINEUX

Pâtes à tartiner et confits

En tartine, natures ou accompagnés de sirop de riz, de miel ou de confiture de fruits. Mélangés avec du sirop d'érable, de riz ou du miel liquide, pour napper un gâteau (purées d'amande et noisette recommandées).

Crème

Diluée avec un peu du jus de cuisson de légumes pour les napper, dans des soupes pour remplacer la crème, pour aromatiser un chocolat chaud au *lait* végétal et lui donner de l'onctuosité...

Pour une crème au faux-mage

Pour remplacer le fromage fondu, mélanger à parts égales purée d'amande blanche et flocons de levure maltée. Ajouter un peu d'eau pour obtenir la consistance voulue suivant l'utilisation (sur des pâtes par exemple). Saler. Un petit goût de fromage fondant est assuré.

Pour remplacer le beurre dans les recettes

De la purée d'amande blanche à poids égal pour remplacer du beurre mou ou en pommade (dans un crumble par exemple). Diluée moitié moitié avec de l'huile d'olive ou du *lait* végétal pour remplacer le beurre fondu dans les recettes.

Mayonnaises et sauces

Diluer petit à petit la purée (sésame, cajou, amande...) avec de l'eau, jusqu'à obtenir une consistance crémeuse ou plus liquide selon l'utilisation. Ajouter du citron, un peu d'huile (de colza par exemple pour l'apport en oméga-3) et du sel ou de la sauce soja. Mélanger. Aromatiser avec des épices ou des herbes (cumin, paprika, curry, ail, gingembre...).

ASTUCE PRATIQUE
De goûts très agréables, les arômes variés des différentes graines permettent de jouer sur une infinité de saveurs sucrées ou salées. Elles se conservent longtemps au frais. La purée d'amande est disponible en version complète (rustique et nutritive) ou blanche (plus fine, moins de nutriments). La purée de sésame existe aussi en demi-complète (recommandée).

NOTE SANTÉ
La purée d'amande crue renferme une enzyme qui aide à digérer les amidons contenus dans les céréales, légumineuses, pommes de terre... La purée de sésame est parfaite pour renforcer le système nerveux. La purée de noisette est particulièrement reminéralisante. Sa saveur légèrement sucrée plaît souvent aux enfants.

ASTUCE PRATIQUE
Très bon dans des sandwichs. Rapide à préparer.

« Steak » de tofu aux herbes

Pour 1 personne

Ingrédients
- 2 tranches d'environ 1 cm d'épaisseur de tofu aux herbes
- 1 c. à soupe de sauce soja
- 1 c. à dessert d'huile d'olive
- ¼ de verre d'eau

Préparation
Dans une poêle, verser un mélange composé de l'eau, de la sauce soja et de l'huile. Y déposer le tofu et chauffer à feu moyen. Laisser cuire environ 5 min. Le liquide doit être à moitié absorbé.
Retourner le tofu et laisser cuire jusqu'à absorption totale du liquide. Baisser le feu et tourner une fois encore les tranches pour les faire bien dorer de chaque côté. Servir.

ASTUCE : le tofu nature a un goût fade. Il existe dans les magasins de produits biologiques de nombreuses variétés de tofu aromatisé, qui sont plus savoureuses et que je vous invite à essayer pour découvrir ce produit.

ASTUCE PRATIQUE
Varier goûts, couleurs et formes pour créer de délicieuses brochettes légères.

Brochettes toutes végétales

Ingrédients
- Tofu au choix (aux herbes, fumé...)
- Tempeh
- Petits champignons de Paris
- Poivrons (rouge, vert, jaune)
- Mini-tomates
- Oignons
- Courgettes

Ingrédients marinade
- 2 c. à soupe d'huile d'olive
- 1 c. à soupe de sauce soja
- 1 c. à dessert d'herbes de Provence en poudre
- 1 gousse d'ail pressée

Préparation
Préparer la marinade en mélangeant tous les ingrédients dans un plat à gratin. Couper le tofu et le tempeh en gros cubes. Laisser entiers les champignons. Trancher les poivrons et les oignons. Couper les mini-tomates en deux. Couper les courgettes en deux dans la longueur, puis en tranches de 5 mm environ. Verser le tout dans le plat contenant la marinade et bien enrober les morceaux de cette sauce. Laisser mariner minimum 15 min.
Assembler les morceaux sur des piques en assortissant les couleurs. Cuire sous le gril ou à la poêle avec un peu d'huile, ou au barbecue en les retournant 2 ou 3 fois pendant la cuisson d'environ 10 min.

ASTUCE PRATIQUE

Il est aussi possible de farcir les feuilles de chou individuellement avec un peu de tofu et les rouler. Les déposer alors côte à côte dans le plat de cuisson et les arroser d'un peu d'huile d'olive avant de les passer au four…

Chou farci d'hiver

Pour 6 personnes

Ingrédients
- 1 chou frisé moyen
- 500 g de tofu nature ou au herbes
- 1 c. à dessert de cumin en poudre
- Sauce soja ou sel
- Huile d'olive

Préparation

Enlever environ vingt feuilles au chou. Couper les côtes centrales les plus grosses et cuire les feuilles de chou à la vapeur, environ 10 minutes pour bien les attendrir. Laisser refroidir.

Réduire le tofu en purée fine, ajouter le cumin et saler. Bien mélanger. Huiler les bords d'un moule haut (moule à charlotte ou à cake). Tapisser le fond et les bords de plusieurs feuilles de chou et étaler $\frac{1}{3}$ de la préparation au tofu en pressant bien à l'aide d'une cuillère. Recouvrir de 2 ou 3 feuilles et renouveler l'opération avec le deuxième tiers du tofu. Recommencer et finir par les dernières feuilles de chou en tassant bien. Cuire à four moyen environ 40 min.

Démouler sur un plat et recouvrir de sauce tomate « tricheuse » (voir p. 245) ou d'une sauce tomate bien relevée. Couper en tranches comme un gâteau pour servir.

NOTE PRATIQUE
Cette recette raffinée peut être servie accompagnée d'un riz léger (thaï ou basmati ½ complet), d'une poêlée de champignons et d'une purée de carotte par exemple.

NOTE SANTÉ
Ultra léger.

Soufflé nuage d'asperges

Pour 4 personnes

Ingrédients
- 1 paquet de tofu dit « soyeux » de 400 g
- 16 asperges vertes
- 1 c. à dessert rase de sel aux herbes
- 4 tours de moulin à poivre
- 2 c. à soupe d'amande ou de noix de cajou en poudre
- 1 c. à soupe bombée de fécule au choix (arrow-root, pomme de terre...)
- Huile d'olive
- 4 ramequins ou moules à muffins

Préparation
Enlever la partie dure des tiges des asperges et les rincer. Passer les asperges à la vapeur 5 minutes pour les attendrir et réserver. Mixer le tofu pour en faire une crème avec tous les autres ingrédients. Bien mélanger. Goûter pour vérifier l'assaisonnement et rectifier au besoin. Préchauffer le four à 160° Couper ras les têtes des asperges puis le reste de la partie tendre des tiges en rondelles fines. Huiler les moules. Disposer 4 têtes au fond de chaque moule. Mélanger le reste avec la crème au tofu puis remplir les moules de cette préparation.
Cuire au four environ 40 minutes (le dessus doit être légèrement ferme et commencer à dorer un peu).
Servir chaud directement dans les moules ou attendre le refroidissement et démouler. Servir froid ou réchauffer au four au choix.

LES PROTÉINES

> **VARIATION**
> Ajoutez environ 100 g de tofu fumé coupé en fins « lardons » à faire revenir avec les légumes.
> Remplacer le tofu ferme par du soyeux + 1 c. à soupe de fécule pour une texture plus aérienne.

Quiche aux légumes

Ingrédients pour la pâte :
- ¾ de tasse de farine de pois chiches
- 1 tasse ¼ de farine de riz
- ⅓ de tasse d'huile d'olive
- ½ c. à dessert de sel
- ¾ de tasse d'eau (environ)

Mélanger les farines avec le sel. Sabler avec l'huile (mélanger l'ensemble en frottant du bout des doigts afin d'incorporer l'huile à la farine) ou passer le tout au mixer. Ajouter l'eau très doucement tout en mélangeant pour s'arrêter au moment où la pâte forme de grosses miettes collantes (il ne faut pas qu'elle se mette « en boule »). Répartir ces « miettes » au fond d'un grand plat à tarte huilé et bien les tasser avec les doigts afin de recouvrir entièrement le fond et le bord du moule. Garnir du mélange suivant.

Ingrédients pour 1 quiche :
- 400 g de tofu ferme
- 350 g de légumes légèrement cuits au choix (poireaux, oignons, épinards, brocolis, asperges...) ou crus (courgettes râpées gros, tomates hachées fin...)
- 2 c. à soupe d'huile d'olive
- Quelques pincées de sel (aux herbes de préférence)
- Poivre du moulin
- 1 pincée de muscade râpée ou 1 à 2 c. à soupe d'herbes au choix : Provence, basilic, ciboulette...
- ½ c. à dessert de curcuma en poudre (facultatif)

Préchauffer le four. Écraser finement le tofu, y ajouter tous les ingrédients et bien mélanger. Garnir la pâte de ce mélange en le « tassant » bien (avec le dos d'une cuillère par exemple). Cuire à four chaud (160°) 30 à 40 minutes.

Escalopes de tofu « pas nées »

Pour 2 personnes

Ingrédients
- 250 g de tofu aux herbes
- Sauce soja (tamari)
- 3 c. à soupe de farine de pois chiches
- 2 c. à soupe de poudre d'amande
- ½ c. à dessert d'ail semoule
- ½ c. à dessert de sel
- ½ c. à dessert de paprika
- ½ c. à dessert d'herbes de Provence émiéttées

Préparation
Couper le tofu en quatre tranches (d'environ 1 cm d'épaisseur) et les humecter de chaque côté de sauce soja. Mélanger le reste des ingrédients dans un plat creux et enrober complètement les tranches de cette « panure ».
Faire dorer chaque côté dans une poêle bien huilée à feu moyen.

ASTUCE PRATIQUE
Déguster avec une purée de légumes ou des pâtes à la sauce tomate. Parfaites en amuse-bouche, accompagnées d'une sauce bien relevée.
Varier les épices et aromates pour créer des saveurs originales.

Boulettes croustifondantes

Pour 1 personne

Ingrédients
- 125 g de tofu
- 1 c. à dessert de paprika
- 2 c. à soupe de farine (millet, riz...)
- ¼ de c. à dessert d'ail en semoule
- Sel ou tamari

Préparation
Écraser le tofu finement et ajouter tous les ingrédients. Mélanger et former des boulettes avec les mains. Plonger toutes les boulettes dans une casserole d'eau bouillante salée. Lorsqu'elles remontent à la surface, les attraper à l'aide d'une écumoire.

Chauffer une poêle avec un peu d'huile et faire dorer les boulettes en les mélangeant souvent pour qu'elles soient bien croustillantes.

ASTUCE PRATIQUE
Préparer la veille pour prendre en compte le temps de trempage.

NOTE SANTÉ
Cette crème très digeste et nourrissante, est riche en AGE (ces acides gras sont présents dans la noix et dans le soja).

Crème délice aux noix super oméga-3

Pour 4 personnes

Ingrédients
- 100 g de noix écalées (trempées la veille dans de l'eau si possible)
- 100 g de tofu
- 1 pointe d'ail (facultatif)
- 6 à 8 c. à soupe d'eau
- Sel

Préparation
Mixer au robot les ingrédients listés dans l'ordre en les ajoutant au fur et à mesure. Lorsque le tout forme une crème, verser dans un bol et vérifier l'assaisonnement.

Servir en tartines, en fourrer des légumes crus, servir en « dip » pour crudités, en crème avec des légumes cuits…

LES PROTÉINES

ASTUCE PRATIQUE
À faire à l'avance. Ressemble à s'y méprendre à du vrai fromage frais aux herbes.

NOTE SANTÉ
Nommé aussi « herbe royale », le basilic aide notamment à la digestion.

Faux-mage frais à l'ail et au basilic

Pour un petit « fromage »

Ingrédients
- 125 g de tofu nature
- 1 branche de basilic frais
- 1 petite gousse d'ail pressée
- ½ c. à dessert de sel fin
- 2 c. à soupe d'huile d'olive

Préparation
Réduire le tofu en purée au robot ou à la fourchette. Effeuiller et ciseler le basilic finement. Mélanger tous les ingrédients. Vérifier l'assaisonnement.

Bien tasser dans un moule huilé, couvrir et garder quelques heures au frais avant de démouler.

Variation : remplacer le basilic par des fines herbes (ciboulette, persil, 1 ou 2 feuilles de céleri en branche hachées…).

ASTUCE PRATIQUE
Aussi bon et moins gras que celles toutes faites du commerce. Très simple et rapide.

NOTE SANTÉ
Repas complet et équilibré avec une crudité.

Galettes de tofu express

Pour 2 galettes

Ingrédients
- 125 g de tofu
- 2 c. à soupe de flocons de millet
- 1 c. à soupe de tamari
- Aromates au choix : algues en paillettes, herbes ou épices
- Ail ou oignon haché
- Légumes de saison au choix : carottes râpées, champignons émincés, courgettes, etc.

Préparation
Écraser le tofu. Mélanger les autres ingrédients. Laisser reposer quelques minutes.

Façonner les galettes (si la pâte s'effrite, ajouter un peu d'eau). Faire dorer dans une poêle chaude légèrement huilée à feu moyen environ 4 min de chaque côté.

ASTUCE PRATIQUE
Varier la verdure.
Le curcuma va donner sa couleur jaune à l'omelette ainsi qu'une saveur agréable.

NOTE SANTÉ
Bonne façon de manger des légumes verts !

Omelette verdura

Pour 2 mini-omelettes

Ingrédients
- 125 g de tofu
- 2 feuilles de blette (environ 80 g) ou autres verdures hachées fin
- 1 c. à soupe de sauce soja ou du sel
- 1 c. à soupe de farine de pois chiches
- 1 c. à dessert rase de curcuma en poudre (facultatif)

Préparation
Faire cuire légèrement les verdures avec un peu d'eau (2 ou 3 c. à soupe). Réduire le tofu en purée fine et le mélanger avec les verdures bien égouttées ainsi que le reste des ingrédients.

Séparer ce mélange en deux et façonner deux boules ; les aplatir en forme de galettes (ajouter un peu de farine si besoin) et les déposer dans une poêle chaude et huilée.

Cuire à feu moyen sur les deux faces pour obtenir deux jolies omelettes dorées et moelleuses.

ASTUCE PRATIQUE

Déguster avec des légumes, avec une tranche de pain, ou utiliser pour fourrer des crêpes de sarrasin, des feuilles de blette pochées...

Tofu brouillé forestier

Pour 4 personnes

Ingrédients
- 400 g de tofu nature ou aux herbes
- 250 g de champignons émincés
- Huile d'olive
- 1 gousse d'ail pressée
- Persil haché
- Sauce soja ou sel

Préparation
Écraser le tofu à la fourchette. Faire revenir les champignons, l'ail et le persil quelques instants dans un peu d'huile d'olive.

Ajouter le tofu, assaisonner et laisser quelques instants à feu moyen. Servir.

ASTUCE PRATIQUE
Du tofu ou des protéines de soja réhydratés peuvent remplacer le tempeh dans cette recette.

Tempeh lemon grill

Pour 2 personnes

Ingrédients
- 200 g de tempeh
- 1 citron, jus et zeste
- 1 c. à dessert rase d'ail déshydraté (ou 2 gousses d'ail fraîches pressées)
- 2 c. à soupe d'huile d'olive
- 2 c. à soupe de sirop de riz
- 2 c. à soupe de sauce soja

Préparation
Couper le tempeh en deux dans la longueur, puis en tranches d'environ ½ cm d'épaisseur. Râper le zeste et presser le jus du citron. Verser l'ensemble dans une poêle ou une sauteuse, ajouter 4 c. à soupe d'eau, la sauce soja, l'ail, le sirop et l'huile.

Répartir les tranches dans la poêle en veillant à ce qu'elles soient toutes recouvertes du liquide. Cuire à couvert sur feu vif pendant 5 min, puis découvrir et continuer la cuisson à feu moyen en retournant les tranches de temps à autre jusqu'à évaporation presque totale du liquide de cuisson.

Déguster avec des légumes.

ASTUCE PRATIQUE

Pour une cuisson plus rapide, râper les courgettes.
En saison, essayer avec des courges d'hiver ou du potiron.

NOTE SANTÉ

Le tempeh est la forme du soja la plus digeste.

Tempeh coco loco

Pour 2 ou 3 personnes

Ingrédients
- 200 g de tempeh
- 2 courgettes moyennes
- 1 tasse de crème de coco
- 2 c. à soupe de sauce soja ou sel

Préparation

Couper le tempeh en deux dans la longueur, puis en tranches d'environ ½ cm d'épaisseur. Couper les courgettes dans la longueur puis les trancher en morceaux d'environ ½ cm d'épaisseur.

Dans une sauteuse, verser tous les ingrédients. Mélanger, couvrir et cuire à feu doux jusqu'à ce que les courgettes soient tendres. Vérifier l'assaisonnement.

Servir avec du riz, des nouilles de riz ou d'autres céréales cuites au choix.

Les protéines

ASTUCE PRATIQUE
Remplacer le tempeh par du tofu.

Tempeh grillé aux épices

Pour 2 personnes

Ingrédients
- 200 g de tempeh
- 3 c. à soupe de sauce soja
- 2 gousses d'ail pressées ou 1 c. à dessert d'ail en poudre
- 1 c. à dessert de gingembre frais râpé
- 1 c. à dessert de garam masala ou votre mélange d'épices favori
- 5 c. à soupe d'eau
- 1 c. à soupe d'huile d'olive

Préparation

Couper le tempeh en deux dans la longueur, puis en tranches de 5 mm. Mélanger le reste des ingrédients dans un plat large (un moule à tarte par exemple). Y laisser mariner le tempeh 15 min minimum, en retournant les morceaux de temps en temps.

Chauffer une large sauteuse ou un wok et verser l'ensemble. Cuire à feu vif jusqu'à ce que tout le liquide soit évaporé et laisser dorer à feu moyen en retournant les tranches jusqu'à ce qu'elles soient bien croustillantes.

Servir avec des légumes.

NOTE SANTÉ
Sans cholestérol.

Pâté à la campagnarde

Pour 1 petit pâté

Ingrédients
- 100 g de tempeh
- ½ oignon haché
- 1 gousse d'ail pressée
- 100 g de champignons
- 1 c. à soupe d'herbes de Provence séchées
- 2 c. à soupe de sauce soja
- 2 c. à soupe d'huile d'olive
- 1 c. à soupe de poudre d'amande
- Poivre (facultatif)

Préparation
Faire revenir l'oignon, l'ail, les champignons hachés fin et les herbes dans l'huile d'olive. Saler.

Couper le tempeh en petits dés, puis l'écraser légèrement à l'aide d'une fourchette. L'ajouter aux autres ingrédients avec la sauce soja mélangée à ¼ de tasse d'eau. Poivrer éventuellement. Cuire en mélangeant quelques minutes, laisser l'excédent d'eau s'évaporer.

Couper le feu et ajouter la poudre d'amande ; bien mélanger. Vérifier l'assaisonnement et tasser dans une terrine huilée. Garder au frais 1 h avant de démouler.

ASTUCE PRATIQUE

Les protéines de soja sont disponibles dans les magasins bio. Elles remplacent la viande dans les recettes et leur prix est très bas.
Varier les légumes ; en hiver, utiliser des carottes, des poireaux, des brocolis...

Sauce bolognaise végétale

Pour 4 à 6 personnes

Ingrédients

- 2 tasses de protéines de soja texturées fines
- 1 oignon coupé fin
- 1 grosse courgette coupée en petits morceaux
- 1 aubergine pelée et coupée en petits morceaux
- 8 tomates moyennes pelées et concassées (ou un grand bocal de coulis de tomates)
- 1 ou 2 gousses d'ail
- 1 bouquet de basilic ou 1 branche de thym, de romarin ou de sauge
- 2 ou 3 c. à soupe d'huile d'olive
- Sauce soja ou sel

Préparation

Dans un grand bol, couvrir les protéines d'eau bouillante salée et les laisser gonfler une dizaine de minutes. Égoutter.

Dans un faitout, faire revenir l'ail et l'oignon hachés dans l'huile d'olive quelques minutes. Ajouter l'aubergine et la faire revenir 1 min en mélangeant. Verser tout le reste des ingrédients et ajouter suffisamment d'eau pour que le niveau de liquide les recouvre. Mélanger.

Porter à ébullition puis continuer la cuisson à feu doux en laissant mijoter 30 à 40 min, jusqu'à ce que les légumes deviennent fondants et que l'eau en trop soit absorbée. Vérifier régulièrement que cela n'attache pas (sinon ajouter un peu d'eau). Servir avec des pâtes, du riz, de la polenta...

ASTUCE PRATIQUE
À déguster comme un bifteck haché ou comme un hamburger avec des petits pains, de la salade, des rondelles de tomate et vos sauces favorites.

Hamburger ami de la planète

Pour 4 à 6 personnes

Ingrédients
- 1 tasse de petites protéines de soja déshydratées
- ½ oignon haché
- 8 champignons de Paris hachés fin (taille moyenne)
- ½ betterave crue râpée finement
- 4 c. à soupe de farine de pois chiche ou de sarrasin
- 1 c. à soupe de paprika
- 1 c. à soupe d'herbes de Provence
- 1 gousse d'ail hachée
- 2 c. à soupe de sauce soja (tamari)
- 4 c. à soupe d'huile de cuisson (olive, coco...)

Préparation

Dans un grand bol, couvrir les protéines d'eau bouillante salée et les laisser gonfler une dizaine de minutes. Bien égoutter en les pressant un peu.

Dans un faitout, faire revenir l'ail, l'oignon et les champignons dans 2 c. à soupe d'huile, puis ajouter les protéines, la betterave, les herbes de Provence, la sauce soja, le paprika et bien mélanger à feu moyen tout en laissant l'excès de liquide s'évaporer. Verser dans un grand bol et laisser refroidir un peu. Ajouter la farine.

Mains mouillées, façonner des boules puis les aplatir pour former vos hamburgers (ajouter éventuellement un peu de farine si cela ne « colle » pas).

Dorer à feu moyen environ 5 min de chaque côté dans une poêle avec le reste de l'huile.

LES PROTÉINES

Sauté de protéines à l'aigre-doux

Pour 4 personnes

Ingrédients
- 150 g de grosses protéines de soja déshydratées
- 4 c. à soupe de sauce soja
- 1 c. à soupe rase de paprika
- 1 c. à dessert d'ail en semoule ou 2 gousses d'ail pressées
- 1 c. à soupe de vinaigre de cidre ou de riz
- 2 c. à soupe de sirop de riz ou d'érable
- 2 c. à soupe d'huile de cuisson (olive, coco…)
- 2 tasses d'eau

Préparation
Réhydrater les protéines dans de l'eau salée. Égoutter et bien presser pour extraire le maximum d'eau.

Verser tous les ingrédients dans une sauteuse. Cuire à feu moyen mi-couvert en remuant de temps en temps. Lorsque la majorité du liquide de cuisson est absorbée, remuer continuellement jusqu'à sa totale évaporation.

Servir avec des légumes.

Les glucides (ou sucres)

Les glucides doivent représenter environ 50 % de notre alimentation. On les classe en deux catégories : les sucres lents et les sucres rapides.

Les sucres lents

Appelés aussi « glucides lents » ou « complexes », ils nous sont indispensables au quotidien ; c'est la source d'énergie principale qui nous permet de fonctionner. Ils n'ont pas forcément un goût sucré. On les trouve notamment dans les céréales (complètes et demi complètes uniquement) et les légumineuses.
La pomme de terre, la carotte (et autres légumes racines), la châtaigne, le potimarron contiennent aussi des glucides à l'assimilation plus ou moins rapide suivant le mode de préparation et de cuisson.

Les céréales et graines

On les classe en deux catégories :
Avec gluten Blé, avoine, seigle, orge, épeautre, kamut...
Sans gluten Riz, sarrasin, millet, quinoa, maïs...

Les graines et céréales complètes apportent au corps des glucides lents ainsi que des minéraux, des fibres, des protéines et des vitamines (notamment celles si importantes du **groupe B**). Les céréales complètes aportent une énergie régulière de longue durée et aident à acquérir un meilleur équilibre nerveux et émotionnel, évitant les « coups de barre ». Les produits raffinés (riz blanc, pain blanc, etc.) sont vidés de la plupart de leurs nutriments et n'apportent au corps que des calories vides et

84 RECETTES GOURMANDES

des glucides rapides (qui provoquent une hypoglycémie) ; en plus, au moment de la digestion, ils ponctionnent à notre organisme les minéraux et vitamines qui leur ont été enlevés par le raffinage (en particulier la vitamine B dont nous sommes si souvent carencés). En Asie, le béribéri (causé par une carence en vitamines B) est apparu quand le riz blanc a remplacé le riz complet.

Pourquoi le blé et les céréales qui contiennent du gluten sont-ils devenus si indigestes ?

Jean-Marc Dupuis, journaliste scientifique et rédacteur de la lettre de santé naturelle à succès *Santé Nature Innovation* explique dans une de ses lettres :

Le gluten est la protéine qui permet à la pâte de gonfler. Plus les céréales sont riches en gluten, plus la pâte peut lever facilement, en fait, c'est sa présence qui permet de transformer une boulette de pâte en un énorme pain bien gonflé et élastique. Ce phénomène qui en fait un commerce très rentable est la raison principale des hybridations et croisements divers subis notamment par le blé. Cela a abouti à l'apparition de nouvelles espèces, que l'on appelle encore « blé » mais qui se sont fort éloignées du blé originel (nommé aussi « engrain »). En effet, ce « blé » moderne créé dans les années 1970 (que l'on appelle « Lerma Rojo 64, Siete Cerros, Sonora 64 ou Super X »), a quarante-deux chromosomes là où le blé (l'engrain) de nos ancêtres n'en avait que quatorze ! (Les chromosomes sont des brins d'ADN qui servent à coder des protéines.) Or, dans le corps humain par exemple, le fait d'avoir un seul chromosome en trop provoque des handicaps (comme la trisomie 21) ou la mort.
Ainsi, le fait que le blé moderne ait des dizaines de chromosomes supplémentaires implique donc qu'il contient de nouvelles protéines difficiles (voire impossibles) à digérer pour beaucoup, car le corps ne les reconnaît pas. (En effet, pour qu'une protéine soit digérée, encore faut-il que le tube digestif fabrique les enzymes adaptées, capables de les dissoudre.) C'est pour cette raison que ce blé « mutant » provoque souvent des problèmes digestifs et des réactions d'intolérances ou immunitaires plus ou moins sévères, car pour certaines personnes, cela revient à essayer de digérer du plastique.

> **REMARQUE**
>
> Aucune céréale consommée seule ne fait grossir, c'est l'accompagnement (beurre, crème, fromage...) le fautif.

Par quoi remplacer les céréales contenant du gluten ?

Le riz (entier, soufflé, farine, flocons, semoule, pâtes, crêpes vietnamiennes...)
Le millet (entier, farine, flocons)
Le quinoa (entier, soufflé, farine)
Le sarrasin (entier, farine, flocons, pâtes)
Le maïs (entier, soufflé, farine, fécule, semoule, pâtes)
Le tapioca ou racine de manioc (entier, farine, perles)
La pomme de terre (entière, flocons, fécule)
La châtaigne (entière, farine, flocons)
L'amarante (entière, soufflée, farine)
L'arrow-root (fécule)
Les légumineuses en farine (pois chiches, soja, lentilles...)
Les graines oléagineuses en poudre (amande, noisette, etc.)

Par quoi remplacer les pâtes ?

Par des pâtes sans gluten, bien sûr ! Actuellement en vente jusque dans les grandes surfaces, elles ne sont pas toutes à valeur gustatives égales
Les nouilles et vermicelles de riz que l'on trouve en différentes épaisseurs dans les magasins de produits asiatiques sont naturelles et en général très bonnes. Dernièrement, j'ai goûté de nouvelles vermicelles de riz au riz complet et les ai trouvé très bonnes.
Il existe des variétés à la patate douce et au soja vert qui sont aussi sans gluten (bien vérifier la méthode de cuisson sur le paquet).
Celles à base de sarrasin ont le goût bien caractéristique de ce « blé noir ». Attention aux mélanges et bien lire les étiquettes.

Comment remplacer la farine de blé ?

Dans la majeure partie des cas, c'est elle que l'on cherche à remplacer dans les préparations et les recettes du quotidien (pain, pizzas, tartes, gâteaux et pâtisseries...).
Voici une petite liste (non exhaustive) pour la remplacer.

La farine de riz est la plus évidente et souvent utilisée, car son goût est agréable et neutre.
De plus, son prix est plus bas que celui des autres farines de remplacement.
Elle ne se tient pas, a tendance à s'émietter et nécessite généralement l'ajout d'un ingrédient liant (œuf, fécule, farine de pois chiches...) pour faire la plupart des préparations.
Utilisée seule, elle donne une texture tendre mais légèrement collante (style pâte d'amande) qui peut gêner certaines personnes.
La solution, c'est d'ajouter une proportion plus ou moins grande d'autres farines ou des flocons.

Les farines de quinoa, sarrasin, châtaigne, millet, maïs... ont toutes leurs saveurs caractéristiques plus ou moins corsées (celle de millet est la plus douce, neutre et discrète).
Commencer en remplaçant par environ ⅓ du volume total de la farine de riz avec une autre farine, flocons ou poudre d'oléagineux...

La farine de millet peut aussi remplacer complètement ou en partie la farine de riz dans les recettes. Essayer pour trouver ce qui vous convient le mieux.

Voici quelques idées pour varier vos préparations

Les flocons de millet ajoutés à la farine de riz, font un bon duo et donnent plus de texture à la préparation, notamment les pâtisseries.

Les flocons de quinoa donnent un côté « croustillant » bien sympathique.

La farine de châtaigne ronde douce et chaleureuse est parfaite pour les petits déjeuners ou les goûters. À utiliser seule (le goût est très marqué) ou en mélange avec celle de riz ou millet (conseillé au début).
Elle se tient bien toute seule et ne nécessite pas ou très peu de liant.

La farine de sarrasin corsée et rustique remplace aussi (au moins visuellement) le seigle.
Seule ou en mélange avec la farine de riz, elle se tient bien et ne nécessite pas de liant.
Parfaite pour accompagner le salé (notamment poissonss et fruits de mer), j'en fais aussi bien des galettes et des blinis que des pains d'épices.

La farine de pois chiches très utilisée dans le midi (la socca et les panisses), on la retrouve en Inde dans des pâtisseries très sucrées.
Son goût caractéristique et très agréable salé comme sucré et fait des merveilles dans les galettes.
Seule, elle se tient bien et ne nécessite pas de liant (elle fait même office de liant). S'utilise aussi en mélange avec la farine de riz.

La poudre de graines oléagineuses (amandes, noisettes, cajou, sésame)
Donnent du goût, de l'onctuosité et de la texture aux préparations.
De plus, elles apportent des éléments nutritionnels importants.

Apprenez à découvrir toutes ces saveurs.
Commencez avec les recettes, puis lorsque vous aurez expérimenté les goûts et les matières, lancez-vous et créez vos propres mélanges.

Cuisson de base des céréales et des graines

À l'étouffée

Cette méthode de cuisson permet de garder tous les nutriments de la graine (vitamines B et minéraux notamment) au lieu de s'en débarrasser avec l'eau de cuisson que l'on jette. Elle consiste à utiliser juste la quantité d'eau nécessaire à la cuisson.

ASTUCE POUR SERVIR
Retourner l'ustensile de cuisson sur un plat de service pour démouler.

- Si vous achetez vos céréales « en vrac », rincez-les avant cuisson et trempage, pour les débarrasser d'éventuelles impuretés.
- Les céréales en sachet n'ont pas besoin d'être rincées.
- Les verser dans un saladier rempli d'eau et tourner avec la main ; les impuretés et les graines abîmées vont flotter sur le dessus ; s'en débarrasser puis égoutter.

NOTE
Faire tremper pendant quelques heures les céréales (rincées avant si besoin) dans la quantité d'eau nécessaire à leur cuisson raccourcit considérablement le temps de cuisson (économie d'énergie !), accroît leur digestibilité, améliore leur goût et leur texture.

Clés pour une bonne cuisson

- Mettre dans l'ustensile de cuisson juste la bonne quantité de liquide, qui doit être totalement absorbée en fin de cuisson (voir « Les méthodes de cuisson saines », p. 280).
- Porter à ébullition, puis baisser le feu et cuire à couvert doucement. Le temps de cuisson à partir de l'ébullition est spécifique à chaque céréale (voir ci-dessous). Pour la cuisson au gaz, utiliser un diffuseur sur la flamme baissée au minimum. Pour les cuissons électriques, régler entre 1 et 3 (très bas).
- Si le plat de cuisson est très étanche et épais, éteindre le feu 10 à 15 minutes avant et **laisser gonfler sans soulever le couvercle**.
- Puis aérer délicatement avec une fourchette pour détacher les graines.
- Servir ou remettre le couvercle pour garder au chaud.

Varier légèrement la quantité d'eau permet d'obtenir une texture plus ou moins croquante, al dente ou moelleuse. **Ne pas oublier le sel avant cuisson** : environ une pincée par tasse de céréales.

Temps de cuisson des riz à partir de l'ébullition

Cuisson du riz pour 1 tasse	Eau	Cuisson	Particularités
Riz long complet	2 tasses	45 min	Plus ferme : salades, paella, pilaf, sauté, etc.
Riz long semi-complet	2 tasses	45 min	
Riz rond complet	2 tasses ½	50 min	Plus onctueux : petit déj, desserts, galettes, etc.
Riz rond semi-complet	2 tasses ½	40 min	
Riz basmati ou thaï complet	2 tasses ½	45 min	Léger et parfumé, festif, plus cher
Riz basmati ou thaï semi-complet	1 tasse ¼	20 min	
Riz sauvage	4 tasses	45 min	Esthétique et nutritif

L'art d'accommoder des restes de céréales

Lorsque l'on prépare des céréales, il est possible d'en cuire plus, afin d'en avoir pour un autre repas ; voici quelques idées des usages que l'on peut en faire.

Des salades composées

En ajoutant des légumes crus ou cuits, des restes de légumineuses cuites ou germées (lentilles, pois chiches, haricots rouges, petits pois...), du tofu en morceaux, des champignons crus, des oléagineux (graines de courge, tournesol, noix...), des aromates, des algues, etc., vous obtenez un plat unique complet.

Des galettes salées

En ajoutant de la farine de pois chiches, des légumes hachés fin, des oléagineux entiers (sésame, tournesol...) ou broyés (amandes, noisettes...), des champignons hachés, du sel, des aromates... voilà un repas complet associé à une crudité.

Des légumes farcis

En procédant comme pour les galettes, et en farcissant des légumes de saison (tomates, courges et courgettes, oignons, etc.).

Des gratins

Alterner une couche de céréales cuites (millet, quinoa, riz...) avec une couche de légumes cuits, le tout recouvert, au choix : d'une sauce gratinade, de tofu émietté ou d'une sauce béchamel parsemés d'oléagineux broyés ou de petites graines entières (sésame, tournesol) et le tour est joué !

Des sautés

Faire sauter des légumes, ajouter des légumineuses cuites (ou germées : lentilles, soja vert) ou du tofu, puis une céréale cuite au choix ; ne pas oublier les aromates !

Des petits déjeuners

Style riz au *lait* : réchauffer la céréale dans du *lait* végétal, puis ajouter de la purée (ou de la poudre) de noisette ou d'amande, éventuellement du sucre complet, ou du sirop d'agave ou d'érable, et voilà !

Des galettes ou des biscuits sucrés

En ajoutant de la farine de riz, de châtaigne (ou autre), des oléagineux entiers (sésame, tournesol...) ou broyés (amandes, noisettes, noix de coco...), des fruits secs (raisins, dattes ou abricots en morceaux...) ou un peu de sucre complet, des arômes (vanille, cannelle, zestes d'agrumes...) ; mélanger, former des boules, aplatir, passer au four. Vous obtenez un petit déjeuner ou un goûter nutritif. À emporter facilement.

Riz nature

Pour 2 personnes

Ingrédients
- 1 tasse du riz sélectionné
- ¼ de c. à dessert de sel

Préparation
Cuire à l'étouffée : se reporter au tableau p. 88 pour connaître la durée et le volume d'eau nécessaires pour la cuisson du riz sélectionné.

> **NOTE SANTÉ**
> Plus le riz est complet, plus il est nutritif et riche en éléments vitaux : glucides lents (accroissent la réserve d'énergie) ; protéines (contiennent tous les acides aminés essentiels); vitamines (B, E) ; minéraux (calcium, magnésium, fer, etc.) ; fibres (favorisent un bon transit intestinal). Il ne fait pas grossir. Commencer par du riz ½ complet lorsque l'on est habitué au riz blanc ou que l'on a les intestins fragilisés.

Millet nature

Pour 2 à 4 personnes

Ingrédients
- 1 tasse de millet
- 4 tasses d'eau
- ¼ de c. à dessert de sel

> **ASTUCE PRATIQUE**
> Goût très fin et apprécié de tous. Convient parfaitement pour des croquettes ou de la farce.

> **NOTE SANTÉ**
> Avec une consistance similaire, mais sans gluten, remplace avantageusement la semoule de blé. Riche en protéines et minéraux (phosphore, magnésium, fer, silice...). Particulièrement digeste. Recommandé en cas de fatigue nerveuse ou perte de mémoire. Bon pour les cheveux et la peau.

Préparation

Millet en purée
Cuire à l'étouffée 45 min (voir p. 88). Remuer de temps en temps durant la cuisson.

Millet détaché
Diviser le volume d'eau par deux (2 tasses). Rincer le millet. Le griller à sec à feu doux dans une poêle à fond épais en mélangeant régulièrement pendant 5 min. Faire bouillir l'eau et le sel, et y verser le millet. Couvrir et cuire à feu doux 30 min à l'étouffée.

Variations : pour le millet en purée, étaler le millet encore chaud en couche de 2 cm ou tassé dans un moule (préalablement huilé ou passé sous l'eau froide et égoutté); lorsqu'elle refroidit, la purée se fige et elle peut alors être découpée en carrés ou en tranches, dorée à la poêles, ou passée au four en gratin.

Pour 2 personnes

Quinoa nature

Ingrédients
- 1 tasse de quinoa
- 2 tasses d'eau
- ½ c. à dessert de sel

Préparation
Cuire à l'étouffée 20 min (voir p. 88).

ASTUCE PRATIQUE
Saveur bien particulière, graine légère ; particulièrement apprécié des enfants. Le quinoa est également connu sous le nom de riz des Incas.

NOTE SANTÉ
Sans gluten, remplace avantageusement la semoule, le boulghour, etc. Riche en protéines (50 % de plus que le blé), minéraux et vitamines.

Pour 2 personnes

Sarrasin (kasha) nature

Préparation
Cuire à l'étouffée 20 min (voir p. 88).

Ingrédients
- 1 tasse de sarrasin
- 2 tasses d'eau
- ½ c. à dessert de sel

ASTUCE PRATIQUE
Lorsqu'il est légèrement grillé, le sarrasin prend le nom de kasha. Il convient bien en hiver car il est réchauffant. Saveur riche et robuste rappelant les galettes bretonnes.

NOTE SANTÉ
Riche en protéines, minéraux et vitamines.

LES GLUCIDES

ASTUCE PRATIQUE
Pour obtenir un joli effet de couleurs, remplacer ½ de tasse du riz par du riz noir sauvage préalablement trempé 1 h dans de l'eau tiède.

Riz pilaf à l'indienne

Pour 4 personnes

Ingrédients
- 2 tasses de riz basmati ou thaï semi-complet
- 1 c. à soupe de beurre ou huile de coco
- 1 oignon émincé fin
- 2 clous de girofle
- 4 cardamomes entières et ouvertes
- 1 bâton de cannelle
- 2 feuilles de laurier
- Sel
- Crème de coco (ou autre crème végétale au choix)

Préparation
Faire revenir l'oignon et les épices dans l'huile quelques minutes. Ajouter le riz en mélangeant bien. Verser 4 tasses d'eau, du sel et porter à ébullition. Laisser cuire 15 min à couvert et à feu très doux jusqu'à ce que toute l'eau soit absorbée. Laisser encore gonfler 5 min et aérer avec une fourchette avant de servir, accompagné d'un peu de crème.

ASTUCE PRATIQUE
Plat très agréable, tout simple à réaliser.

NOTE SANTÉ
Une petite crudité pour l'apport de vitamines et d'enzymes et voilà un repas complet.

Riz à la printanière

Pour 2 à 4 personnes

Ingrédients
- 1 oignon
- 2 carottes moyennes
- 100 g de petits pois frais ou surgelés
- 1 tasse de riz rond ou long semi-complet
- Huile d'olive
- Laurier
- Sel

Préparation
Couper l'oignon en dés et les carottes en rondelles. Faire revenir l'oignon dans un peu d'huile d'olive, puis ajouter tous les ingrédients. Mélanger 1 min.

Ajouter 3 tasses d'eau et saler un peu. Porter à ébullition, puis baisser le feu et laisser mijoter à couvert 30 min.

Découvrir, vérifier la cuisson et ajouter un peu d'eau si besoin. Laisser cuire encore 5 min, éteindre le feu et laisser gonfler à couvert encore une dizaine de minutes avant de servir.

ASTUCE PRATIQUE
Utiliser d'autres sortes de courges ; en hiver, le potiron, la courge musquée… font très bien l'affaire ; essayer aussi avec d'autres légumes. Cette recette est valable pour toutes les céréales cuites.

Gratin de céréales et multicolore de légumes

Pour 4 à 6 personnes

Ingrédients
- 3 ou 4 tasses de céréales (riz, quinoa, sarazin) cuit
- Carottes ou potimarron
- Oignon ou poireau
- Chou-fleur ou céleri
- Brocoli ou blettes
- 1 gousse d'ail pressée
- Sel
- Huile d'olive
- 1 crème magique au faux-mage (voir p. 238) ou sauce béchamel et petites graines entières ou broyées (voir p. 61)

Préparation
Émincer finement les légumes choisis ou les râper avec les gros trous de la râpe.

Dans un faitout ou un wok avec couvercle, verser les légumes, l'ail, ½ verre d'eau et saler. Couvrir et cuire à feu moyen une dizaine de minutes.

Enlever le couvercle et augmenter le feu pour que l'excédent éventuel de liquide s'évapore. Étaler la céréale choisie dans un plat à gratin légèrement huilé, recouvrir avec les légumes, arroser d'un filet d'huile d'olive (uniquement si vous avez choisi la bechamel) et répartir la sauce choisie sur l'ensemble.

Réchauffer à four moyen environ 15 à 20 min (et 5 min sous le gril pour la sauce gratinade).

ASTUCE PRATIQUE
Cette recette toute simple permet de réutiliser du riz, surtout lorsqu'il est un peu trop cuit, d'une façon originale et délicieuse. Pratique pour les pique-niques.

Boulettes de riz au sésame

Pour 2 à 4 personnes

Ingrédients
- 2 bols ou tasses de riz rond bien cuit
- Graines de sésame entières ou gomasio
  (voir « Les condiments » p. 237)

Préparation
Goûter le riz et éventuellement l'assaisonner (sel, sauce soja...). Presser le riz avec les mains pour former des boulettes. Dorer les graines de sésame (dans une poêle à fond épais en fonte par exemple). Verser les graines (ou le gomasio) dans une assiette creuse et y rouler chaque boulette pour les enrober complètement. Déguster avec une salade de crudités ou des légumes cuits.

LES GLUCIDES

ASTUCE PRATIQUE
Ne pas hésiter à choisir d'autres légumes suivant les goûts et la saison.

Riz sauté aux légumes

Pour 2 ou 3 personnes

Ingrédients
- 2 bols de riz long cuit
- 1 ou 2 carottes râpées gros
- 1 poireau coupé fin (vert compris)
- 2 c. à soupe de sauce soja
- 2 c. à soupe d'huile de cuisson
- ½ bouquet de persil effeuillé

Préparation

Dans une sauteuse ou un wok, mélanger la sauce soja, l'huile et ⅓ de tasse d'eau. Chauffer sur feu vif.

Ajouter le poireau et laisser cuire quelques minutes à couvert. Ajouter la carotte râpée puis le riz. Mélanger quelques instants à découvert en laissant le liquide s'évaporer.

Parsemer de persil et vérifier l'assaisonnement avant de servir.

Variation : *utiliser d'autres légumes – brocolis, oignons, courgettes, épinards... Ajouter d'autres herbes ou des épices, compléter avec une légumineuse cuite pour enrichir en protéines et avoir un plat complet.*

NOTE SANTÉ
Enrichir cette salade en protéines avec des dés de tofu aromatisés (aux herbes, olives, fumé...)

Salade sauvage à la niçoise

Ingrédients pour 4 personnes

Ingrédients

- ½ tasse (100 g.) de riz long thaï ou basmati complet et
- ½ tasse (100 g.) de riz noir dit « sauvage »
- 2 à 3 tomates
- 2 poignées de haricots verts (frais ou surgelés)
- 2 à 3 jeunes oignons frais (cebettes)
- 1 petit concombre
- 1 poignée d'olives noires
- 1 poignée de feuilles de basilic ciselées
- Huile d'olive
- Vinaigre balsamique ou de cidre
- Sel
- Tofu fumé ou aux herbes, aux olives... (facultatif)

Préparation

Faire tremper le riz noir au moins 1 heure avant la cuisson.

Égoutter et verser les riz dans une casserole avec le double de volume d'eau salée. Porter à ébullition puis couvrir et baisser le feu. Laisser cuire à feu doux et à couvert jusqu'à l'absorption complète de l'eau (environ 30 minutes).

Verser dans un saladier et aérer les grains à l'aide d'une fourchette, laisser refroidir. Cuire les haricots à la vapeur 10 minutes et les couper en petits tronçons. Couper les tomates et le concombre en dés, émincer finement les oignons (vert compris).

Mélanger tous les ingrédients en assaisonnant avec l'huile, le vinaigre, le sel et le basilic.

LES GLUCIDES

NOTE PRATIQUE :
Goût très fin. Faire dorer les restes éventuels avec un peu d'huile.

NOTE SANTÉ :
Le millet est riche en protéines de qualité (contenant tous les acides aminés). Très digeste, il contient des minéraux (fer, magnésium, silice...) et des vitamines B. Cette céréale convient bien en cas de fatigue, et pour la beauté des cheveux et des ongles.

Terrine de millet aux petits légumes

Pour 2 à 4 personnes

Ingrédients
- ½ tasse (100 g) de millet
- 150 g (environ) de petits légumes de saison seuls ou en mélange
- Haricots verts, carottes, petits pois, poireaux...)
- 2 c. à soupe d'huile d'olive
- ½ c. à dessert de sel
- 1 feuille de laurier
- 1 pointe de muscade

Préparation
Couper les haricots en tronçons de 1 à 2 cm, la carotte en petits cubes, le poireau en rondelles... Rincer le millet et le verser dans une casserole à fond épais. Ajouter 2 tasses d'eau, la feuille de laurier, saler et porter à ébullition. Baisser le feu et couvrir.

Cuire à feu très doux 10-15 min. Ajouter les haricots, les carottes, l'huile d'olive et mélanger. Couvrir et continuer la cuisson à feu très doux 15-20 min. l'eau doit être totalement absorbé. Couper le feu et laisser encore gonfler 5 min à couvert. Ajouter la muscade, vérifier l'assaisonnement, retirer la feuille de laurier puis verser dans de petits moules (ou un grand) légèrement huilés et bien tasser. Laisser refroidir complètement avant de démouler (ou déguster chaud en purée).
Servir froid ou réchauffer au four accompagné d'une sauce bien relevée et une poêlée de champignons par exemple.

ASTUCE PRATIQUE :
Varier les noix (cajou, coco...) pour créer d'autres saveurs. Un mini-mixeur permet de réduire facilement les noix et graines en poudre plus ou moins fine. C'est très pratique !

Quenelles de millet parfum de noix

Pour 2 à 4 personnes

Ingrédients
- 1 tasse de flocons de millet
- 4 c. à soupe d'amandes ou noisettes (en poudre ou concassées)
- 1 pointe de muscade râpée
- ¾ de tasse d'eau bouillante
- 1 c. à soupe d'huile d'olive
- Quelques pincées de sel
- Poivre du moulin

Préparation
Verser les flocons dans un grand bol et couvrir de l'eau bouillante salée, laisser gonfler à couvert.
Mélanger tous les ingrédients, cela doit former une masse compacte.
Goûter pour ajuster l'assaisonnement.
Former es quenelles (en les roulant avec les mains).
Les faire dorer légèrement dans une poêle huilée en agitant régulièrement la poêle pendant la cuisson.
Servir tel quel, avec une belle salade, ou accompagné d'une purée de légume(s) ou d'une sauce tomate.

LES GLUCIDES

Quinoa verdura

Pour 2 ou 3 personnes

Ingrédients
- ▶ 1 tasse de quinoa
- ▶ 2 tasses d'eau
- ▶ Sauce soja ou sel
- ▶ 400 g de verdures fraîches rincées et hachées (épinards, blettes...)

Préparation
Dans un faitout large, cuire le quinoa à l'étouffée (voir p. 88) 10 min. Soulever le couvercle et dégager le centre pour déposer la verdure au milieu du quinoa sans mélanger.

Assaisonner avec un peu de sauce soja ou du sel, remettre le couvercle et continuer la cuisson 5 min. Éteindre le feu et laisser gonfler encore 5 min.

Servir avec un filet d'huile au choix ou un peu de crème au choix.

ASTUCE PRATIQUE

Cuire le quinoa avec moins d'eau permet la préparation de salades composées croquantes en évitant que la graine devienne une bouillie peu appétissante.
L'ananas apporte une note sucrée agréable et donne une touche originale à cette salade.

NOTE SANTÉ
Riche en protéines végétales.

Salade des Andes

Pour 4 à 6 personnes

Ingrédients
- 4 tasses de quinoa cuit al dente
- 1 tasse de haricots rouges cuits
- ½ tasse de maïs doux en grains
- 1 avocat
- ½ botte de ciboulette ou cebettes (oignons verts frais)
- ¼ d'ananas frais (facultatif)
- Huile de tournesol ou chanvre
- Jus d'un citron ou du vinaigre (cidre, riz)
- Sel ou sauce soja

Préparation
Peler et couper l'avocat en dés. Couper finement la ciboulette ou les cebettes. Peler et trancher l'ananas en fins morceaux. Mélanger tous les ingrédients, assaisonner avec l'huile, le citron (ou le vinaigre) et saler à votre goût.

Variation : remplacer l'avocat par un demi-concombre en été.

ASTUCE PRATIQUE
On trouve du quinoa rouge dans les magasins de produits biologiques. Broyer les noisettes à l'aide d'un mixer.

Duo de quinoa aux noisettes

Pour 4 personnes

Ingrédients
- 4 bols d'un mélange de quinoa rouge et blanc cuit et chaud
- 6 c. à soupe de noisettes concassées
- Sel

Préparation
Dans une poêle, à feu très doux, déposer les noisettes et les « sécher » en remuant régulièrement environ 5 min. L'arôme doit se dégager. Verser alors dans le quinoa.

Saler, mélanger et vérifier l'assaisonnement. Si le quinoa est froid, réchauffer l'ensemble, couvert, à four chaud ou à la vapeur (environ 10 min).

ASTUCE PRATIQUE
Varier les restes de céréales (riz, quinoa, pâtes…).

Sarrasin forestier

Pour 2 personnes

Ingrédients
- 2 bols de sarrasin cuit
- 250 g de champignons frais coupés en dés
- 1 gousse d'ail pressée
- Quelques feuilles de persil hachées
- 2 c. à soupe de sauce soja
- Huile de cuisson

Préparation
Dans une sauteuse ou un wok, faire revenir les champignons, l'ail et le persil dans un peu d'huile à feu moyen environ 5 min. Ajouter la sauce soja et 2 c. à soupe d'eau puis le sarrasin.

Mélanger encore quelques minutes à feu vif afin que l'ensemble soit bien chaud et servir.

NOTE PRATIQUE :
Si l'option « pesto en pot » est choisie, réduire la quantité d'huile ajoutée. Utiliser des petits moules individuels style « moules à muffins » cela permet de réaliser une présentation plus festive. Varier les légumes, les aromates et les graines pour créer d'autres saveurs

Gâteau de polenta aux tomates séchées, basilic et petites graines

Pour 2 à 4 personnes

Ingrédients
- ½ tasse de polenta instantanée
- 4 « oreilles » de tomates séchées
- ½ bouquet de basilic frais ou un petit pot de « pesto »
- 4 c. à soupe d'huile d'olive
- 1 gousse d'ail pressée (facultatif)
- 2 tasses d'eau salée
- 1 poignée de graines de tournesol ou de pignons
- Sel
- Poivre du moulin

Préparation
Hacher grossièrement les tomates.

Ciseler les feuilles de basilic.

Chauffer l'eau dans une grande casserole et porter à ébullition.
Verser la polenta en pluie tout en remuant sans arrêt.

Laisser cuire 3 minutes à feu doux en mélangeant constamment puis éteindre le feu.
Ajouter les tomates, le basilic et l'huile. Couvrir et laisser gonfler quelques minutes à couvert.
Passer un (ou des) moule(s) sous l'eau froide et égoutter, répartir les graines au fond.

Verser la préparation et laisser refroidir.
Démouler, déguster froid ou réchauffer à four bien chaud 10 à 15 minutes.

Polenta façon « pizza au faux-mage »

Pour 2 personnes

Ingrédients
- ½ tasse de polenta instantanée
- 2 c. à soupe d'huile d'olive
- 2 tasses d'eau salée
- 1 c. à soupe de poudre ou purée d'amande
- Quelques pincées de thym effeuillé
- Sel

Pour la garniture
- Tomates fraîches en rondelles ou sauce tomate ou tricheuse p. 245
- Champignons, olives...
- « Crème magique au faux-mage » p. 238

Préparation
Mixer les amandes en poudre.
Chauffer l'eau dans une grande casserole et porter à ébullition.
Verser le thym, la polenta en pluie et les amandes, tout en remuant sans arrêt.
Laisser épaissir 2 minutes à feu doux en mélangeant constamment puis éteindre le feu.
Couvrir et laisser gonfler quelques minutes à couvert.
Passer un (ou des) moule(s) à tarte ou tartelettes sous l'eau froide et égoutter, y répartir la polenta encore chaude et laisser figer au frais.
Démouler, garnir et étaler la crème au faux-mage.
Passer au four bien chaud (puis sous le grill pour « dorer le faux-mage ») quelques minutes avant de déguster.

ASTUCE PRATIQUE
Se dégustent aussi bien chaudes que froides. Pratiques en pique-nique.

NOTE SANTÉ
Plat complet et équilibré avec des crudités.

Galettes rapides aux flocons de céréales

Pour 6 galettes

Ingrédients
- ½ tasse de flocons de riz
- ½ tasse de flocons de millet
- ¾ de tasse d'eau bouillante (environ)
- 70 g de légumes râpés ou hachés au choix : carotte, courgette, céleri, poireau, tomate…
- 3 c. à soupe de farine de pois chiches
- 1 c. à soupe d'amande ou de sésame en poudre ou en purée
- ½ c. à dessert de sel
- Quelques pincées d'épices en poudre ou d'herbes fraîches hachées

Préparation
Dans un saladier, mêler les flocons et le sel, ajouter l'eau bouillante et couvrir d'une assiette. Laisser gonfler 10 min. Ajouter tous les autres ingrédients et mélanger. L'ensemble doit former une masse compacte non collante (si elle est friable, ajouter un peu d'eau ; si elle colle trop, ajouter de la farine). Former des galettes dans la paume de la main. Faire dorer 5 à 8 min de chaque côté dans une poêle bien huilée. Servir avec un coulis de tomates crues au basilic (Voir p. 246) ou une autre sauce bien relevée.

Variation : recette à décliner à l'infini en variant les légumes, les graines et les épices. Pour plus de rapidité, on peut aussi étaler la pâte en la pressant sur une plaque huilée et découper des carrés en fin de cuisson. Cuire 15 à 20 min à four chaud. Couvrir avec du papier cuisson les 10 premières minutes.

NOTE PRATIQUE

La quantité d'eau varie suivant les farines utilisées, y aller donc très progressivement et finir d'ajuster par cuillerées pour obtenir la bonne consistance. Si la pâte est trop humide, bien fariner le plan de travail.
La cuisson varie aussi si vous désirez plus de « croustillant », cuire un peu plus...

Crackers & gressins

Ingrédients

- ½ tasse de farine de riz
- ½ tasse de farine de pois chiches ou de sarrasin
- 1 c. à dessert de fécule (arrow-root, pomme de terre...)
- 4 c. à soupe d'huile d'olive
- ½ c. à dessert de sel
- quelques graines de sésame, nigelle, pavot, herbes de Provence, paprika, curry, algues en paillettes... au choix pour parfumer (facultatif)

Préparation

Mélanger les farines, la fécule et le sel. Ajouter l'huile puis de l'eau très très chaude (environ ¾ de tasse), petit à petit en mélangeant bien de façon à obtenir au final une boule de pâte bien souple. Laisser reposer ½ heure dans un bol couvert d'une assiette (pour éviter que la pâte sèche). Prélever des noix de pâte et rouler en « serpent » pour les gressins ou aplatir bien fin pour les crackers sur un plan de travail huilé (ou du papier cuisson). Parsemer légèrement les graines, les herbes ou les épices choisis sur le plan de travail avant de procéder à la mise en forme pour aromatiser vos créations si c'est le cas. Déposer celle-ci sur un papier cuisson ou une plaque à four huilée. Enfourner dans un four chaud (160° environ) pendant 20 minutes pour les crackers et 30 minutes pour les gressins ou suivant leurs épaisseurs respectives. Laisser refroidir complètement avant de les manipuler.

ASTUCE PRATIQUE
Recette de base ; pour varier, ajouter des olives, des tomates séchées, des herbes de Provence, du pistou, des courgettes râpées, des pignons ou des graines de tournesol... Pour une cuisson plus rapide et présentation plus festive, cuire dans plusieurs petits moules.

Cake salé nature

Pour un gros cake
de 6 à 8 personnes
ou plusieurs mini-cakes

Ingrédients
- 1 tasse de farine de riz
- 1 tasse de flocons de millet
- 4 c. à soupe de farine de pois chiches
- 1 c. à soupe de fécule au choix
- 1 sachet de poudre à lever
- 1 c. à dessert de sel
- 1 tasse ¼ de *lait* de soja nature ou de bouillon de légume froid
- 1 c. à soupe de vinaigre de cidre
- ¾ de tasse d'huile d'olive

Préparation
Préchauffer le four.
Mélanger farines, flocons, fécule, poudre à lever, sel, dans un saladier.
Dans un bol, mélanger le *lait* ou le bouillon, l'huile et le vinaigre, puis ajouter le tout au mélange précédent en remuant délicatement.
Verser la pâte obtenue dans un moule à cake huilé.
Cuire environ 60 min à four chaud (160°).
Laisser refroidir avant de démouler.

ASTUCE PRATIQUE

Garnir avec une sauce mayonnaise au choix (cajou, amande), un tartare d'algue, du guacamole, un pâté végétal ou une fondue d'oignons... Ajouter des crudités, des graines germées, des lanières de tofu fumé ou mariné ou encore des tranches d'avocat, des haricots rouges... ou tout ce qui vous plaît...

Pâte à Wraps (sarrasin ou pois chiches)

Pour 2 à 3 wraps (suivant la taille)

Ingrédients
- ¼ de tasse de farine de pois chiches ou de sarrasin
- ¼ de tasse de farine de riz
- 1 c. à soupe rase d'arrow-root ou autre fécule au choix
- 4 pincées de sel
- ¾ de tasse d'eau tiède (environ)
- 1 c. à soupe d'huile d'olive

Préparation

Mélanger les quatre premiers ingrédients dans un bol. Ajouter l'huile puis l'eau tiède petit à petit en mélangeant bien.

La pâte doit être épaisse mais « coulante ».

Laisser reposer au moins ½ heure.
Chauffer une crêpière ou une poêle avec un peu d'huile.
Lorsqu'elle est bien chaude, mélanger la pâte pour qu'elle soit bien homogène et verser rapidement une louchée au centre en l'étalant un peu.
Laisser cuire quelques minutes puis retourner cette grosse crêpe et la cuire de l'autre côté quelques minutes.
C'est prêt à garnir et déguster.

LES GLUCIDES

ASTUCE PRATIQUE

Impossible d'oublier les fameuses et incontournables pâtes. Délicieuses et rapides à préparer, il en existe de nombreuses variétés, sans gluten.

NOTE SANTÉ

Plat complet à servir avec des crudités.

Gratin de pâtes

Pour 2 à 4 personnes

Ingrédients

- 250 g de tofu aux herbes
- 125 g de pâtes (macaronis, coquillettes...)
- Courge râpée ou 1 grosse courgette (environ 200 g)
- 3 c. à soupe de sauce soja
- 4 c. à soupe d'huile d'olive
- Un peu de muscade râpée (facultatif)

Préparation

Cuire les pâtes choisies al dente et les égoutter. Écraser le tofu finement. Dans un saladier, mélanger intimement pâtes, tofu, courge, huile, sauce soja et éventuellement muscade. Tasser le tout dans un plat à gratin huilé. Cuire à four moyen 25 à 30 min.

ASTUCE PRATIQUE

Ne pas hésiter à casser les crêpes si la taille ne correspond pas au moule, même en petits morceaux, cela ne se remarquera pas après cuisson. Il est aussi possible d'y mettre plus d'épaisseur. Des crêpes de riz vietnamiennes se trouvent au supermarché ou dans les magasins de produits asiatiques (pour les nems et rouleaux de printemps).

NOTE SANTÉ

Servir avec une salade de crudités pour un repas complet et équilibré.

Lasagnes à la bolognaise

Pour 4 personnes

Ingrédients

- 1 sauce bolognaise végétale (voir p. 80)
- 1 béchamel nature ou aux champignons (voir p. 247)
- 6 crêpes de riz fraîches ou sèches
- 1 crème magique au faux-mage (voir p. 238)

Préparation

Huiler un moule rond en verre à bord haut. Superposer 3 crêpes au fond du moule (si elles sont sèches, les passer rapidement sous l'eau une par une, sans attendre qu'elles ramollissent).

Répartir la moitié de la bolognaise sur les crêpes, recouvrir de la moitié de la béchamel puis de 3 autres crêpes humides. Renouveler l'opération. Étaler la crème magique au faux-mage à l'aide d'une spatule souple.

Cuire à four chaud environ 20 min.

LES GLUCIDES

ASTUCE PRATIQUE

Cette salade colorée et délicieuse est toujours très appréciée. Choisir des pâtes larges qui permettent à la garniture d'aller se loger à l'intérieur.

NOTE SANTÉ

Cette salade bien équilibrée est un repas complet.

Salade méditerranéenne

Pour 4 personnes

Ingrédients

- 400 g de pâtes sans gluten
- 250 g de tofu aux herbes
- 200 g de tomates-cerises
- 100 g de pignons
- Quelques olives noires
- ½ bouquet de basilic frais (ou 2 c. à soupe de basilic séché)
- Huile d'olive
- Vinaigre balsamique et/ou sauce soja
- Sel

Préparation

Cuire les pâtes al dente, puis les passer rapidement sous l'eau froide pour stopper la cuisson et éviter qu'elles ne collent. Bien égoutter et arroser d'huile d'olive.

Couper les tomates en quatre. Dorer légèrement les pignons à la poêle à feu doux en mélangeant régulièrement. Trancher le tofu en petits dés. Effeuiller le basilic et le couper fin aux ciseaux. Mélanger tous les ingrédients.

Assaisonner avec le vinaigre balsamique et/ou la sauce soja, ajouter encore un filet d'huile d'olive si besoin et saler. Décorer avec des olives.

ASTUCE PRATIQUE

« Al dente » signifie que les pâtes doivent rester fermes après cuisson, donc ne pas trop les cuire !
Il existe de nombreuses marques de « crème » végétale, choisir sa préférée.
Des tagliatelles de riz se trouvent facilement dans les magasins de produits bio.

NOTE SANTÉ

Voici la version allégée de la recette originale.

Tagliatelles à la carbonara toutes végétales

Pour 4 personnes

Ingrédients

- 400 g de tagliatelles de riz
- 250 g de tofu fumé
- Sauce soja
- Crème de coco ou autre crème végétale au choix
- Sel et poivre

Préparation

Cuire les tagliatelles al dente et égoutter. Trancher le tofu en forme de petits lardons, les rouler dans de la sauce soja et les faire revenir dans un peu d'huile.

Mélanger les tagliatelles avec les « lardons » de tofu et ajouter la quantité de crème qui vous convient. Réchauffer un peu l'ensemble tout doucement en mélangeant délicatement.

Saler et poivrer avant de servir.

Pâtes fraîches maison sans gluten

pour 2 à 4 personnes

Ingrédients
- 2 c. à soupe de graines de lin moulues finement
- 6 c. à soupe d'eau
- 1 tasse ¾ de farine de pois chiches (plus un peu pour étaler la pâte)
- Sel (pour l'eau de cuisson)

Préparation

Dans un petit bol mélanger l'eau avec la poudre de lin. Réserver environ 10 minutes, cela va gonfler et devenir gélatineux.

Verser la farine dans un saladier et faire un puit au milieu. Y verser la gelée de graines de lin puis mélanger soigneusement l'ensemble pour former une pâte ferme.

Couvrir et laisser reposer 20-30 minutes. Couper un morceau de pâte et la déposer sur un plan de travail fariné.

L'étaler très finement à l'aide d'un rouleau à pâtisserie (attention : la pâte ne doit pas coller, bien saupoudrer de farine).

Couper les formes désirées (ici des rectangles « pincés » au milieu pour former des papillons) et procéder ainsi jusqu'à la fin de la pâte.

Cuire à grande eau bouillante et salée 2-3 minutes (attention : ne pas dépasser ce temps de cuisson, sinon c'est fragile et cassant).

Égoutter et servir avec votre sauce préférée.

ASTUCE PRATIQUE :
Bien fariner avant la cuisson pour qu'elles ne s'attachent pas les unes aux autres. Pour broyer les graines de lin, un mini-mixer ou un moulin à café font l'affaire. Utiliser du papier cuisson sur le plan de travail peut aider à mieux étaler la pâte bien fine. Délicieux aussi réchauffé à la poêle avec un peu d'huile d'olive.

NOTE SANTÉ :
Riche en glucides lents.

Le pain sans gluten

Le « pain de vie ». Cette nourriture biblique a bien changé depuis. Le pain blanc, « notre pain quotidien » est devenu un aliment vide, dénaturé, bourré de produits chimiques. Avec son index glycémique élevé, c'est de plus un sucre rapide. Il n'a donc pas sa place dans le cadre d'une alimentation saine.

Le gluten

Le gluten est le nom de la protéine contenue dans la plupart des céréales. Le blé – y compris les variétés antiques comme le kamut – et l'épeautre, l'avoine, le seigle et l'orge contiennent tous du gluten bien qu'en quantité variable. Je vous propose donc ces quelques recettes de pain sans gluten pour remplacer le « pain quotidien ».

Faire son pain sans gluten maison

Levures et levain

Comme nous l'avons vu, c'est le gluten contenu dans les céréales qui permet une bonne levée. Bien que ce soit la façon la plus saine de faire lever le pain, il est en réalité compliqué d'utiliser du levain « pur » pour faire gonfler une pâte sans gluten. En effet, difficile à produire soi-même, il ne se trouve pas (encore) tout prêt dans le commerce. Voici les différentes options faciles à trouver pour faire lever votre pain sans gluten.

Si vous voulez consommer du pain, voici des critères de qualité :

– La farine est la plus fraîche possible et issue de l'agriculture biologique (ou non traitée), de préférence bise (ou complète).

– Il est au levain (exempt de toute levure).

– Il est cuit de préférence au four à bois par un artisan qui met du soin et de l'amour dans son travail...

– Choisir du pain de petit épeautre ou de kamut (ces céréales seraient mieux tolérées que le blé).

Le « levain » déshydraté fermentescible

Que ce soit à base de sarrasin ou de quinoa, cette poudre est vendue sous différentes marques dans les magasins bio. Certaines sont « garanties » sans gluten et d'autres non. Présentée comme étant un « levain », elle est en réalité surtout active grâce à la levure qu'elle contient aussi. En effet, en lisant attentivement les étiquettes, on s'aperçoit que le levain contenu dans le paquet est soit « dévitalisé » soit « inactivé », ce qui veut dire la même chose : il est effectivement bien présent, mais « mort » et ne peut plus opérer sa fonction de fermentation... C'est donc surtout la levure l'élément actif dans ces produits. Ceci dit, ces produits sont généralement très efficaces, la levée s'effectue en 2 heures environ et le goût est bon.
NB : il n'y a généralement pas besoin de mettre autant de ce produit que la quantité préconisée sur le sachet.

La levure « SAF instant » garantie sans gluten

Elle est aussi très efficace et lève plus vite (environ 1 heure). Son avantage par rapport à une levure de boulanger classique et qu'elle se mélange directement à la farine, sans avoir besoin d'être diluée préalablement à de l'eau.

La levure de boulanger « classique »

Elle fonctionne bien aussi. Elle est généralement à diluer au préalable à de l'eau pour « s'activer » (lire les instructions du fabricant) et baisser un peu en conséquence la quantité d'eau de la recette.

La levure dite « chimique »

C'est une poudre blanche (souvent du bicarbonate de soude, ou de l'acide tartrique). Ce n'est pas une fermentation qui lui donne son pouvoir levant, mais une réaction chimique ! Elle n'est pas utilisée pour la fabrication du pain mais plutôt pour les cakes salés, gâteaux et pâtisseries.

« Lier » le pain

Comme nous l'avons vu, le gluten sert à « coller ». En plus des farines qui vont remplacer le blé, il est donc impératif d'apporter à la pâte un élément qui va permettre de la lier.

La fécule (pomme de terre, arrow-root...) à raison d'environ 1 à 2 c. à soupe par pain est une solution simple et efficace.
L'inconvénient majeur est qu'elle ajoute du sucre à absorption rapide au pain avec son « index glycémique » très haut (toutes proportions gardées vu la quantité utilisée).

Le gel de lin

La graine de lin en poudre « gélifiée » à raison de 1 à 2 c. à soupe par pain, est une excellente solution pour lier et donner de la texture au pain (et à toutes les pâtes) sainement. Il suffit de moudre finement ces délicieuses petites graines (que l'on trouve facilement à prix très doux en magasins bio) dans un mini-mixer ou un moulin à café, et de mélanger la poudre ainsi obtenue avec son double de volume d'eau tiède. Attendre 10 à 15 minutes pour obtenir un gel, parfait pour lier toutes les préparations.

Mise en garde sur les gommes de guar et de xanthane

Ces produits liants/épaississants, apparaissent de plus en plus dans les recettes « sans » et dans les magasins depuis quelque temps.

Ils sont à consommer occasionnellement, mais attention de ne pas en faire une « base » alimentaire. En effet, ils ne sont pas prévus pour être une « nourriture », et dans les pays anglo-saxons, où le régime sans gluten est connu depuis bien plus longtemps qu'en France, des intolérances sévères à ces produits commencent aussi à apparaître...

Astuces pratiques pour faire le pain

- Utiliser un mélange de farine avec une base de farine de riz complet ou ½ complet.
- La pâte ne se pétrit pas, elle a une consistance de pâte à gâteau ou purée épaisse.
- Prévoir le temps de la levée (environ 2 heures suivant la température ambiante et le type de levure utilisé), dans un endroit chaud (20°) ou près d'une source de chaleur (soleil, radiateur...). Attention aux températures extrêmes : ne pas poser trop près d'un poêle par exemple. La pâte va presque doubler de volume.
- Préférer cuire de petites portions dans de petits moules ou ne pas trop remplir les moules profonds.
- Le temps de cuisson est bien plus long que celui du pain au blé. Soyez patient.
- La meilleure façon d'obtenir un pain sans gluten bien gonflé est de le faire précuire à la vapeur. Lorsqu'il est bien rebondi et ferme sous le doigt, finir sa cuisson au four environ 15-20 minutes (de 160 ° à 180°) pour bien « sécher » sa croûte et lui donner du « croustillant ».
- Ou alors, ajouter 1 ou 2 ramequins d'eau dans le four et cuire votre pain entre 170° et 180°. La croûte à tendance à « craqueler » et être un peu moins « gonflée » à la cuisson uniquement au four.
- Laisser refroidir avant de déguster.

Pain nature

Pour 1 pain

Ingrédients
- 1 tasse ½ (240 g) de farine de riz complet
- ½ tasse (75 g) de flocons de millet
- 2 c. à soupe (25 g environ) de fécule (pomme de terre ou arrow-root)
- 1 c. à dessert bombée (8 g) de sel (environ)
- 2 c. à soupe (15 g environ) de levain déshydraté fermentescible de sarrasin ou de la levure « SAF instant » garantie sans gluten.
- 1 tasse ½ (340 g ou 350 ml) d'eau tiède (max. 25°)
- 2 c. à soupe d'huile de cuisson au choix

Préparation
Bien mélanger la farine, les flocons, la fécule ou gel de lin, le sel et la levure dans un grand saladier.
Ajouter l'huile et l'eau tiède petit à petit en mélangeant le tout délicatement à l'aide d'un fouet (la pâte doit avoir la consistance d'une purée épaisse).
Ajouter un peu d'eau si besoin.
Verser dans un moule à cake bien huilé.
Laisser lever environ 2 heures.
Cuire 1 heure à four chaud (voir « Astuces pratiques pour faire le pain » p. 118).
Le temps de cuisson est plus ou moins long suivant la taille du moule et sa profondeur.
Laisser bien refroidir avant de déguster.

Pain de campagne au sésame

Pour 1 pain

Ingrédients
- 1 tasse ½ (240 g) de farine de riz complet
- ¼ de tasse (50 g) de farine de sarrasin
- ⅓ de tasse (50 g) de flocons de millet
- 2 c. à soupe de fécule (25 g) ou de « gel » de graines de lin (voir « Lier le pain » p. 117)
- 1 c. à dessert bombée (8 g) de sel
- 2 c. à soupe (15 g environ) de levure au choix. (voir Levures et levain p. 116)
- 1 tasse ½ (360 g ou 370 ml) d'eau tiède (max. 25°)
- 2 c. à soupe d'huile de cuisson au choix
- 2 à 4 c. à soupe de graines de sésame

Préparation
Bien mélanger les farines, les flocons, la fécule ou gel de lin, le sel et la levure dans un grand saladier.
Ajouter l'eau tiède et l'huile.
Mélanger le tout délicatement à l'aide d'un fouet (la pâte doit avoir la consistance d'une purée épaisse), rajouter un peu d'eau si besoin.
Huiler un moule y répartir les graines de sésame puis verser la pâte à pain.
Laisser lever environ 2 heures.
Cuire environ 1 heure (voir « Astuces pratiques pour faire le pain » p. 118).

Pain sarrasin raisin

Pour 1 pain

Ingrédients
- 1 tasse (160 g) de farine de riz complet
- 1 tasse (160 g de farine de sarrasin
- 1 grosse c. à soupe (15 g) de fécule ou de « gel » de graines de lin (voir« Lier le pain » p. 117)
- 1 poignée (50 g environ) de raisins secs
- 1 c. à dessert rase (6 g environ) de sel
- 2 c. à soupe (15 g) de levure au choix (voir « Levures et levain » p. 116).
- 1 tasse ½ (360 g ou 370 ml) d'eau tiède (max. 25°)
- 2 c. à soupe d'huile de cuisson au choix

Préparation
Bien mélanger les farines, la fécule, les raisins, le sel et le levain.
Ajouter l'eau et l'huile.
Mélanger le tout délicatement à l'aide d'un fouet (la pâte doit avoir la consistance d'une pâte à gâteau).
Verser dans un moule bien huilé.
Laisser lever environ 2 heures.
Cuire environ 1 heure à four chaud (voir « Astuces pratiques pour faire le pain » p. 118).
La quantité d'eau peut légèrement augmenter suivant la sécheresse des raisins utilisés, si la pâte est trop épaisse pour lever en ajouter quelques cuillerées (la pâte doit avoir une consistance de purée épaisse).

Petit pain à la châtaigne

Pour 3 à 4 petits pains individuels ou 1 moyen

Ingrédients
- ¾ de tasse (100 g) de farine de riz
- ¼ de tasse (+/- 40 g) de farine de châtaigne
- 1 petite c. à soupe de fécule ou de « gel » de graines de lin (voir « Lier le pain » p. 117)
- 1 c. à soupe de levure (voir Levures et levain p. 117)
- ¾ de tasse + 2 c. à soupe d'eau (195 ml)
- 4 pincées de sel
- 1 c. à soupe d'huile de cuisson

Préparation
Mélanger dans un grand bol les quatre premiers ingrédients, ainsi que le sel.
Ajouter l'eau et l'huile et mélanger soigneusement.
Verser dans un moule moyen huilé (ou 2 petits).
Couvrir et laisser la pâte lever au chaud environ 2 heures.
Cuire environ 40 à 50 minutes (suivant la taille et l'épaisseur du moule cela peut varier) (voir « Astuces pratiques pour faire le pain » p. 118).

ASTUCE PRATIQUE
Étaler de la « crème magique au faux-mage » p. 238 pour remplacer le fromage fondu.

Pâte à pizza

Pour 4 personnes
(deux petits moules ou 1 grand)

Ingrédients
- 125 g de farine de riz
- 50 g de farine de pois chiches
- 10 g de fécule (1 petite c. à soupe)
- 4 g de sel (1 c. à dessert rase)
- 2 g d'herbes de Provence en poudre (1 c. à dessert rase)
- 1 grosse c. à soupe de levure (voir « levures et levains » p. 116)
- 10 g d'huile d'olive (2 c. à soupe environ)
- 200 g d'eau

Préparation
Mélanger soigneusement les six premiers ingrédients. Ajouter l'eau additionnée d'huile et bien mélanger. Laisser reposer environ 2 h au chaud (20 °C environ). Lorsque la pâte a doublé de volume et qu'elle est couverte de bulles, la verser délicatement dans le ou les moules à tarte bien huilés. Cuire à four chaud (180 °C ou thermostat 4) 25 à 30 min. Démouler lorsque c'est bien froid (si le plat est très grand, tapisser de papier cuisson le fond du moule pour faciliter le démoulage). Garnir avec les ingrédients habituels, puis passer encore 10 min à four très chaud avant de servir.

LES GLUCIDES

Les légumes racines et autres féculents

Ils contiennent des sucres à assimilation plus rapide que les céréales complètes et les légumineuses.

ASTUCE PRATIQUE

Il est possible de garder la peau des pommes de terre en choisissant des variétés à peau fine (pomme de terre nouvelle) et de préférence bio, c'est délicieux !

NOTE SANTÉ

Ne pas abuser de la cuisine haute température. Cette recette est tout de même plus saine que les frites du commerce, et en plus c'est meilleur !

Grosses frites au four à la provençale

Pour 4 personnes

Ingrédients

- 1 kg de pommes de terre pelées, tranchées en grosses frites
- 1 ou 2 c. à soupe d'herbes de Provence séchées
- Ail en semoule ou frais pressé (facultatif)
- Huile d'olive
- Sel

Préparation

Préchauffer le four au maximum. Dans un saladier verser les pommes de terre tranchées et arroser avec l'huile d'olive de façon qu'elles soient toutes bien enrobées. Les étaler sur une ou deux plaques à four pour qu'elles ne se chevauchent pas. Parsemer d'herbes de Provence et éventuellement d'ail.

Cuire à four très chaud (160 à 180 °C) environ 30 min (suivant la grosseur). Les tourner une fois en milieu de cuisson. Lorsqu'elles sont dorées et croustillantes, saler et servir.

Variation : essayer cette méthode de cuisson avec des légumes (carottes, courges, oignons, céléri...), c'est un régal !

ASTUCE PRATIQUE
Les saucisses de soja sont délicieuses et faciles à trouver dans les magasins de produits bio.

NOTE SANTÉ
Riches en protéines, elles sont une alternative plus légère que les saucisses traditionnelles. Choisir le parfum qui convient le mieux.

Patates sautées aux champignons et soycisses

Pour 4 ou 5 personnes

Ingrédients
- 1 kg de pommes de terre fermes pelées et cuites, coupées en dés
- 250 g de champignons blancs coupés en quatre
- 1 oignon coupé en fines tranches
- 4 à 6 saucisses coupées en rondelles
- 4 c. à soupe d'huile de cuisson

Préparation
Dans une large poêle, faire doucement revenir l'oignon dans l'huile pendant 5 min. Ajouter les champignons, mélanger, et les cuire quelques minutes à feu plus vif.

Verser alors les pommes de terre et les saucisses, les faire dorer légèrement toujours à feu vif en remuant de temps en temps. Saler et servir.

ASTUCE PRATIQUE
Vous pouvez remplacer le yaourt par de la crème de coco, la ciboulette par des herbes de Provence ou du basilic frais.

Pommes de terre en robe des champs et leur petite sauce aux herbes

Ingrédients
- 1 à 3 pommes de terre par personne (suivant la taille)
- Yaourt de soja ou crème végétale au choix
- Ciboulette ciselée
- Sel et poivre

Préparation
Préchauffer le four. Laver et sécher les pommes de terre. Les disposer dans un tagine ou dans un plat à four avec couvercle (style cocotte Pyrex en verre ou en fonte). Cuire environ 30 à 45 min (les pommes de terre doivent être tendres, vérifier avec un couteau).

Mélanger yaourt ou crème, ciboulette, sel et poivre. Quand les pommes de terre sont cuites, les couper en deux dans la longueur et les fourrer avec la sauce au yaourt. Servir et déguster à la cuillère.

ASTUCE PRATIQUE
On peut utiliser un reste de pommes de terre cuites pour cette recette ; réduire la quantité d'eau et le temps de cuisson dans ce cas.

Potée de pommes de terre à la hongroise

Pour 4 à 6 personnes

Ingrédients
- 1 kg de pommes de terre un peu farineuses pelées et coupées en dés
- 1 gros oignon émincé
- 2 carottes coupées en rondelles
- 1 c. à soupe d'huile de cuisson au choix
- 1 c. à soupe de paprika
- Sel

Préparation
Dans un faitout, faire revenir l'oignon dans l'huile quelques minutes. Ajouter le paprika, mélanger encore 1 min. Verser les autres ingrédients. Recouvrir d'eau. Saler et cuire à couvert à feu moyen pendant environ 20 min (vérifier que les pommes de terre sont bien tendres).

Ôter le couvercle et laisser s'évaporer le reste éventuel de liquide en remuant de temps en temps. Rectifier l'assaisonnement et servir.

ASTUCE PRATIQUE

Choisir de la crème de qualité sans rien d'autre que de la noix de coco et de l'eau pour une saveur optimale.
Cette recette toute simple est absolument délicieuse et originale, succès garanti. Servir avec des légumes verts et une protéine au choix.

Purée de patates douces à la crème de coco

Pour 4 personnes

Ingrédients

- 4 patates douces moyennes (1 kg) pelées et coupées en morceaux
- 4 à 8 c. à soupe de crème de coco
- Sel

Préparation

Peler et couper les patates en morceaux. Les cuire à l'étoufffée juste couvertes d'eau salée jusqu'à ce qu'elles soient tendres. Les écraser à la fouchette, ajouter la crème de coco et saler.

LES GLUCIDES

Purée de pommes de terre aux olives

Pour 4 personnes

Ingrédients
- 1 kg de pommes de terre pour purée (farineuses)
- 1 tasse de bouillon de légumes (1 cube dilué dans de l'eau)
- 2 gousses d'ail pressées (facultatif)
- 20 olives noires dénoyautées et concassées
- 4 c. à soupe d'huile d'olive
- Sel

Préparation
Peler et couper les pommes de terre en gros dés. Les verser dans un faitout avec éventuellement l'ail, et les cuire à couvert dans le bouillon environ 20 min (elles doivent être bien tendres). Les écraser alors avec un presse-purée ou à la moulinette. Ajouter les olives et l'huile puis saler.

Servir sans attendre.

NOTE SANTÉ

De goût agréable et doux, le curcuma est une racine dotée de nombreuses vertus ; c'est notamment le plus puissant anti-inflammatoire naturel connu. Aide à la lutte contre les tumeurs cancéreuses. De couleur orange vif, il colore les aliments d'un jaune orangé (c'est un des ingrédients de base du curry). On le trouve principalement en poudre au rayon des épices.
La racine fraîche s'utilise râpée.

Ragoût de pommes de terre à l'indienne

Pour 4 à 6 personnes

Ingrédients

- 1 kg de pommes de terre un peu farineuses pelées et coupées en dés
- 1 gros oignon émincé
- 1 c. à dessert de graines de coriandre (facultatif)
- 1 c. à soupe de curcuma en poudre
- Sel et poivre
- 1 c. à soupe d'huile de cuisson

Préparation

Dans un faitout, faire revenir 5 min l'oignon et la coriandre dans l'huile. Ajouter le curcuma, mélanger encore 1 min. Verser les autres ingrédients. Recouvrir d'eau. Saler et cuire à couvert à feu moyen pendant environ 20 min (vérifier que les pommes de terre soient bien tendres).

Ôter le couvercle et laisser s'évaporer le reste éventuel de liquide en remuant de temps en temps.

LES GLUCIDES

Les légumineuses

Appelées aussi légumes secs. Leur famille comprend les haricots secs, les pois chiches, les lentilles, les pois, les fèves, le soja, les arachides. Elles sont particulièrement riches en glucides lents. Avec 22 à 37 % de protéines, elles sont le complément protidique idéal des céréales (elles s'apportent mutuellement ce qui manque à l'autre). En effet, une petite quantité de légumineuses consommées dans la même journée que des céréales nous donne tous les acides aminés indispensables à nos besoins quotidiens. Riches en vitamines B, en minéraux (calcium, phosphore, magnésium, fer) et en glucides lents (source d'énergie de longue durée), elles sont pauvres en lipides, délicieuses et économiques.

La germination multiplie leur potentiel et les rend plus digestes. C'est l'épaisseur de leur peau qui détermine la digestibilité ; choisir les variétés à peau fine (lentilles vertes, petits pois), sans peau (lentilles corail), ou tout simplement les réduire en purée ou en faire de délicieux pâtés. Toujours les choisir de l'année. Elles existent sous forme de farine et en flocons (pour des soupes, des purées, des galettes... ultrarapides).

Leur richesse nutritionnelle ne nécessite que de petites quantités à la fois ; les utiliser en accompagnement dans le menu.

Certaines personnes les digèrent mal, aussi voici des astuces pour pouvoir les consommer facilement :

– Toujours les faire tremper au moins douze heures avant cuisson et jeter l'eau de trempage.

– Cuire longtemps à feu doux.

Cuisson de base des légumineuses

- Faire tremper la veille (minimum dix heures avant) les légumineuses choisies dans de l'eau salée.
- Puis jeter l'eau de trempage et recouvrir à nouveau d'eau froide.
- Ajouter quelques pincées de bicarbonate de sodium pour raccourcir le temps de cuisson (indispensable si l'eau est calcaire).
- Amener à ébullition, et laisser mijoter à feu doux jusqu'à ce que la graine soit tendre.
  Environ :
  30 minutes à 1 heure pour les lentilles,
  1 à 2 heures pour les haricots et les pois chiches.

- Saler uniquement après cuisson (sinon cela les durcit).
- Y ajouter une lanière de quelques centimètres d'algue kombu écourte le temps de cuisson et apporte des sels minéraux précieux tout en éliminant des métaux lourds indésirables de notre organisme.
- Penser aux aromates : thym, romarin, laurier, sarriette, girofle, cumin... qui, en plus d'apporter leur saveur, améliorent la digestibilité des aliments, et les ajouter en fin de cuisson pour bénéficier au maximum de leurs vertus.
- Agrémenter de légumes de saison au choix, pour personnaliser les plats : oignons, carottes, tomates, courgettes...

ASTUCE SANTÉ
Garder précieusement l'eau de cuisson, elle constitue un délicieux bouillon riche en sels minéraux.

Si vous digérez mal les légumineuses, réduisez-les en purée, c'est efficace !

L'art d'accommoder des restes de légumineuses

Cuire des légumineuses prend du temps ; il est possible d'en faire cuire une bonne quantité à la fois et d'en congeler une partie pour un autre jour. On peut les utiliser en salade composée, réaliser un pâté végétal, les réduire en purée ou en faire une soupe...

ASTUCE PRATIQUE

Pour raccourcir le temps de cuisson, utiliser des haricots déjà cuits et réduire la quantité d'eau. On trouve les protéines de soja dans les magasins bio. Regarder dans le secteur « vrac » : on les y trouve souvent, et c'est plus économique ainsi.

Chili sin carne

Pour 4 à 6 personnes

Ingrédients

- 1 tasse de petites protéines de soja
- 250 g de haricots rouges trempés 12 h
- 1 ou 2 carottes coupées en cubes
- 6 tomates pelées concassées ou un bocal de coulis de tomates (400 g environ)
- 1 oignon émincé
- 1 ou 2 gousses d'ail hachées
- 1 feuille de laurier
- 1 c. à soupe de paprika
- 1 c. à soupe d'huile de cuisson
- Sel ou sauce soja

Préparation

Rincer les haricots, les verser dans une cocotte et les couvrir largement d'eau. Porter à ébullition puis laisser cuire 1 h à feu doux. Ajouter alors les protéines réhydratées (dans de l'eau environ 15 min), mélanger quelques minutes et ajouter le reste des ingrédients sauf le sel.

Recouvrir d'eau (s'il n'y en a pas suffisamment), porter à ébullition puis laisser mijoter à feu doux en remuant de temps en temps pendant environ 1 h à découvert. Quand les haricots sont fondants, saler.

Déguster avec de la polenta, du riz ou une autre céréale.

ASTUCE PRATIQUE
Des cocos secs peuvent faire l'affaire : les tremper une nuit et augmenter alors le temps de cuisson.

Haricots coco à la méditerranéenne

Pour 4 personnes

Ingrédients
- 500 g de cocos (haricots blancs) frais écossés
- 1 gros oignon émincé
- 2 gousses d'ail
- 1 bouquet garni
- 2 grosses tomates pelées et concassées
- 4 c. à soupe d'huile d'olive
- 1 c. à soupe de paprika
- Basilic ciselé

Préparation
Dans un faitout, verser les cocos ; couvrir d'eau et ajouter l'oignon, le bouquet garni et l'ail haché. Porter à ébullition et laisser cuire environ 40 min à feu doux (les haricots doivent être déjà tendres). Ajouter les tomates, le paprika et saler. Laisser cuire encore 10 min puis retirer le bouquet garni.

Ajouter le basilic et l'huile d'olive. Assaisonner et servir.

Variation : ajouter des morceaux de courgettes, des aubergines...

ASTUCE PRATIQUE

Il est possible d'utiliser une conserve de pois chiches pour cette recette. Parfait pour un buffet d'apéritif, comme « dip » accompagné de bâtonnets de crudités par exemple.

NOTE SANTÉ

Le cumin aide à digérer les pois chiches. Recette riche en protéines.

Houmous

Pour 4 à 6 personnes

Ingrédients

- 1 tasse ½ de pois chiches cuits (400 g)
- 1 c. à soupe de purée de sésame
- 1 c. à dessert rase de sel
- 1 gousse d'ail
- 1 c. à dessert de cumin en poudre
- 1 citron pressé
- 6 c. à soupe d'huile d'olive

Préparation

Mixer tous les ingrédients pour obtenir la consistance d'une crème épaisse et onctueuse. Goûter pour ajuster l'assaisonnement. Servir dans un bol, avec une spirale d'huile d'olive. Se conserve bien quelques jours au frais.

ASTUCE PRATIQUE

Au lieu de paner les burgers dans la poudre d'amande, incorporer celle-ci à la pâte. Ajouter des aromates au choix : herbes de Provence, cumin, curry…

« Green » burger de petits pois

Pour 4 burgers

Ingrédients
- 200 g de petits pois frais ou surgelés
- 4 c. à soupe de farine de pois chiches
- 2 c. à soupe de poudre d'amande
- Quelques pincées de sel aux herbes (de préférence)

Préparation
Cuire les pois 10 minutes à la vapeur et les mixer en purée grossière.
Ajouter la farine de pois chiches bien mélanger.
Saler à votre convenance.
Former des burgers avec cette pâte.
Les paner dans la poudre d'amande.
Les faire cuire quelques minutes de chaque côté dans une poêle avec un peu d'huile (olive ou coco). Déguster chauds ou froids accompagnés d'une salade de crudités et/ou de légumes cuits ou bien dans un petit pain garni d'ingrédients de votre choix (salade verte, tomates, graines germées, rondelles d'oignon, sauces diverses…).

LES GLUCIDES

ASTUCE PRATIQUE

Servir comme une sauce d'accompagnement du riz ou d'une autre céréale au choix. Varier les légumes selon la saison ainsi que les arômes.

NOTE SANTÉ

Ces lentilles sans peau sont très digestes.

Lentilles corail aux légumes d'hiver

Pour 4 personnes

Ingrédients

- 1 tasse de lentilles corail (roses)
- 1 petit oignon émincé
- 2 carottes en dés
- 1 petit brocoli
- ½ c. à dessert de cumin en poudre
- ½ c. à dessert de coriandre en poudre
- 1 c. à dessert de gingembre frais râpé ou ½ c. à dessert de curcuma en poudre (ou remplacer toutes les épices par 2 c. de curry doux en poudre)
- 2 feuilles de laurier
- ½ tasse (ou plus) de crème de coco
- Sel
- 3 tasses d'eau (environ)

Préparation

Chauffer 2 c. à soupe d'huile dans un faitout à fond épais, et faire revenir l'oignon avec les épices en remuant quelques minutes jusqu'à ce que l'arôme se dégage. Verser alors les lentilles ainsi que les carottes et couvrir d'eau. Porter à ébullition puis baisser le feu et laisser cuire à petit feu 30 min en remuant de temps en temps.

Pendant ce temps, séparer en fleurettes la tête du brocoli, peler et débiter le pied en fins morceaux puis ajouter le tout aux lentilles.

Laisser cuire encore environ 15 à 20 min ; les lentilles fondent en purée à la cuisson. Ajouter la crème de coco et saler.

Panisses à la provençale

Pour 6 personnes

Ingrédients
- 250 g de farine de pois chiches
- 1 l d'eau
- 4 c. à soupe d'huile d'olive
- 1 c. à soupe rase de sel
- 1 c. à dessert d'herbes de Provence en poudre

Préparation
Tamiser la farine à travers une passoire fine dans une casserole. Ajouter le sel. Verser l'eau froide petit à petit en mélangeant à l'aide d'un fouet. Ajouter l'huile et les herbes. Cuire à feu doux tout en mélangeant jusqu'à ce que l'ensemble forme une bouillie épaisse.

Étaler dans un plat à gratin (ou sur une plaque) préalablement passé à l'eau froide, sur 1 cm d'épaisseur environ. Laisser refroidir. Lorsque cela est durci, couper des bâtonnets. Les faire dorer dans une poêle huilée, sur les deux faces, de façon qu'ils soient bien croustillants.

Saler et déguster bien chaud, avec des légumes par exemple.

ASTUCE PRATIQUE
Ce pâté parfumé est le plus simple à réaliser que je connaisse ! Varier les épices et aromates pour créer des saveurs différentes.

NOTE SANTÉ
Digeste et nutritif, sans cholestérol, accompagne parfaitement le pain pour des pique-niques.

Pâté de lentilles roses

Pour 4 à 6 personnes

Ingrédients
- 1 tasse de lentilles corail
- 1 c. à dessert de garam masala ou de curry en poudre
- 2 c. à soupe de beurre (ou huile) de coco
- Sel
- 2 tasses ½ d'eau

Préparation
Rincer les lentilles à l'eau froide. Dans une casserole à fond épais, chauffer les épices quelques instants pour laisser l'arôme se dégager. Verser les lentilles et couvrir avec l'eau. Porter à ébullition puis baisser le feu et laisser cuire à feu doux, mi-couvert, entre 30 min et 1 h en remuant de temps en temps en fin de cuisson.

Lorsque toute l'eau a disparu et que les lentilles sont réduites en purée, ajouter le beurre (ou huile) de coco, qui va fondre et se mélanger. Saler puis verser le tout dans une terrine huilée. Servir lorsque refroidi.

ASTUCE PRATIQUE

Ce délicieux pâté va simplement figer en refroidissant. Il convient parfaitement pour des tartines et des sandwichs. Si l'eau est calcaire, ajouter quelques pincées de bicarbonate de soude pour aider à la cuisson des pois qui sinon resteraient durs.

Pâté de pois cassés

Pour 4 à 6 personnes

Ingrédients
- 1 tasse de pois cassés secs
- 2 tasses ½ d'eau
- 1 c. à dessert de cumin en poudre
- 1 feuille de laurier
- 2 c. à soupe de beurre (ou huile) de coco
- Sel

Préparation

Dans une casserole, verser les pois et couvrir avec l'eau. Ajouter le cumin et la feuille de laurier. Porter à ébullition, puis laisser cuire à feu doux mi-couvert, en remuant régulièrement, jusqu'à ce que les pois soient réduits en purée (environ 1 h).

À ce stade, ajouter le beurre de coco et saler. Bien mélanger et tasser le tout dans une jolie terrine. Laisser refroidir avant de déguster.

Peut se démouler.

LES GLUCIDES

NOTE SANTÉ
Légumineuse très digeste, le pois est une bonne source de protéines. Énergétique, le pois frais convient bien aux personnes anémiées et fatiguées.

Petits pois à la française

Ingrédients

- 400 g de petits pois frais ou surgelés
- 1 oignon émincé
- 2 carottes en rondelles
- 125 g de tofu fumé
- 1 feuille de laurier
- Sauce soja (2 c. à soupe) ou sel (½ c. à dessert)
- 2 c. à soupe d'huile d'olive

Préparation

Trancher le tofu en forme de petits lardons. Dans un faitout, faire revenir l'oignon, la feuille de laurier et le tofu fumé dans l'huile quelques minutes. Ajouter le reste des ingrédients. Couvrir d'eau (2 tasses environ) et laisser cuire mi-couvert à petit bouillon (environ 20 min).

Lorsque les pois et les carottes sont tendres, découvrir totalement et laisser réduire le liquide de cuisson sur feu plus vif. Vérifier l'assaisonnement et servir sur une purée de millet ou de polenta par exemple.

Variation : ajouter de l'estragon ou de la menthe hachée avant de servir.

ASTUCE PRATIQUE
Pour utiliser un reste de haricots rouges. Il est aussi possible d'utiliser une conserve pour cette recette. Parfait à tartiner sur des toasts, comme « dip » pour des crudités ou chips de maïs à l'apéritif.

Purée de haricots rouges à la mexicaine

Pour 4 à 6 personnes

Ingrédients
- 1 tasse ½ de haricots rouges cuits (400 g)
- 1 c. à dessert de paprika
- 1 c. à soupe d'huile de tournesol
- 1 poignée de graines de tournesol et/ou de courge (facultatif) pour la déco
- Sel
- Tabasco

Préparation
Mélanger tous les ingrédients en purée à l'aide d'un mixer en ajoutant le sel à la fin et quelques gouttes de Tabasco.

LES GLUCIDES

ASTUCE PRATIQUE
Il est possible de remplacer les herbes aromatiques par d'autres herbes ou épices.

Ragoût de lentilles vertes au potiron

Pour 4 à 6 personnes

Ingrédients
- 400 g de lentilles vertes
- 1 oignon tranché en dés
- 600 g de potiron pelé et coupé en petits morceaux
- 1 feuille de laurier, de thym et de romarin
- Huile de cuisson
- Sel

Préparation
Faire tremper les lentilles plusieurs heures à l'avance. Faire revenir l'oignon dans 1 c. à soupe d'huile. Ajouter le potiron, les lentilles préalablement rincées et les herbes. Couvrir d'eau et laisser cuire environ 30 min ; les lentilles doivent être tendres et le potiron, réduit en purée.

Saler et servir.

ASTUCE PRATIQUE
Varier les légumes suivant le marché – céleri-rave râpé, rondelles de radis... Ne pas hésiter à faire jouer sa créativité !

Salade de lentilles vertes d'hiver

Pour 4 personnes

Ingrédients
- 2 tasses de lentilles vertes cuites (ou un bocal)
- 1 petite échalote
- 2 carottes
- ½ branche de céleri
- 10 cerneaux de noix
- 1 c. à dessert de cumin en poudre
- 2 c. à soupe de vinaigre de cidre
- 4 c. à soupe d'huile de tournesol ou olive
- Sel ou sauce soja

Préparation
Émincer les échalotes et le céleri. Râper les carottes avec les gros trous de la râpe. Couper les cerneaux en deux. Mélanger tous les ingrédients et saler.

LES GLUCIDES

ASTUCE PRATIQUE
Servir cette salade accompagnée d'une céréale pour un plat complet.
Si vous n'aimez pas les poivrons, remplacez-les par des tomates.

Salade de pois chiches d'été

Pour 4 à 6 personnes

Ingrédients
- 2 tasses de pois chiches cuits (ou un bocal)
- ½ poivron rouge
- ½ poivron jaune
- 2 oignons frais
- le jus d'un citron ou un peu de vinaigre
- 4 c. à soupe d'huile d'olive
- ½ c. à dessert de cumin en poudre
- ½ c. à dessert de graines de coriandre en poudre et quelques feuilles fraîches ciselées (facultatif)
- Sel

Préparation
Couper les poivrons en petits dés. Émincer finement les oignons (vert compris). Mélanger tous les ingrédients et saler.

ASTUCE PRATIQUE

Faire tremper les pois à l'avance permet une cuisson plus courte ; il existe aussi des flocons prêts en 10 min dans les magasins de produits bio. Si l'eau est calcaire, ajouter quelques pincées de bicarbonate de soude pour attendrir les pois. On peut remplacer les épices par un mélange tout prêt (garam masala, curry...).

NOTE SANTÉ

Le pois est une légumineuse très digeste.

Soupe de pois cassés aux épices

Pour 2 à 4 personnes

Ingrédients

- 1 tasse de pois cassés
- 2 carottes
- 1 oignon ou poireau
- 1 feuille de laurier
- 2 clous de girofle
- 1 bâton de cannelle
- 4 cardamomes entières
- 1 morceau de gingembre de 1 cm
- Sel
- Crème de coco ou autre crème végétale

Préparation

Déposer les pois dans un faitout avec les carottes en rondelles, l'oignon ou le poireau coupé en morceaux et les épices. Couvrir largement d'eau et cuire doucement 1 h à découvert à partir de l'ébullition (ajouter de l'eau si besoin en cours de cuisson). Saler, enlever les épices, ajouter de la crème et servir.

ASTUCE PRATIQUE
Le mieux est de faire tremper les lentilles quelques heures avant la cuisson puis de jeter l'eau de trempage.

NOTE SANTÉ
Les lentilles sont riches en fer, calcium, magnésium et vitamines B.

Soupe lentilles carottes cumin

Pour 4 personnes

Ingrédients
- 1 tasse de lentilles vertes (200 g)
- 1 ou 2 oignons émincés
- 4 carottes moyennes
- 2 c. à dessert de cumin en poudre
- huile de cuisson

Préparation
Dans une cocotte, faire revenir les oignons et le cumin dans un peu d'huile, puis verser les lentilles et les carottes en rondelles et couvrir d'eau. Laisser cuire jusqu'à ce que le tout soit fondant puis saler et mixer. Servir.

Les douceurs saines

Les recettes de douceurs saines et gourmandes

Aliment plaisir, le sucre nommé aussi glucose est la plus « affective » des dépendances alimentaires. Notre attirance pour le goût « sucré » est illimitée et envahit notre quotidien, cela dès notre plus jeune âge, absolument partout (boissons, céréales, ketchup, charcuteries, préparations industrielles de toutes sortes).

Nous consommons autant de sucre en quinze jours que nos ancêtres en un an !
Pourtant, pour une fois, les nutritionnistes sont unanimes, ses méfaits sur la santé sont majeurs, et notre doux ami ne nous veut pas que du bien. En effet, plus de 2 millions de Français sont touchés par le diabète, et cela de plus en plus jeunes. Il serait entre autres responsable de l'épidémie d'obésité qui se répand actuellement en France. Il semble cependant qu'il y ait une certaine confusion au sujet du sucre. Il faut déjà comprendre qu'il en existe plusieurs formes : des lents, des rapides (le glucose), des raffinés et des naturels. Cela dit, parmi les nombreuses sortes de sucre ajouté disponibles sur le marché, certaines sont plus saines que d'autres, chacune ayant sa spécificité.

Les sucres rapides, qu'est-ce que c'est ?

Il est possible de satisfaire nos envies sans culpabilité.

Appelé aussi glucides rapides ou sucres à assimilation rapide.
Le terme « glycémie » est la rapidité avec laquelle notre organisme a la capacité de les utiliser et les assimiler. Un index mesurant cette « rapidité » existe, c'est l'index glycémique.
Les sucres rapides ne sont pas forcément de goût sucré. D'ailleurs, l'indice de référence de cet index est souvent le pain blanc qui est plus élevé que celui du miel... Cet index précis sur la vitesse d'assimilation des sucres prétend qu'au-dessus de l'indice 60, un aliment est considéré comme source de sucre rapide. En dessous de 40, il est considéré comme lent.
La liste des méfaits que l'excès de consommation de sucres rapides aurait est longue : baisse de l'immunité, inflammations chroniques, champignons, diabète, obésité...

Il est possible de satisfaire nos envies de douceurs sans culpabilité.
Comme pour tout, savoir choisir et doser avec discernement ce que l'on avale reste toujours la clé d'une bonne santé.
Voici un petit glossaire pour apprendre à laisser libre cours à sa gourmandise plus sainement.

Les sucres ajoutés
LE SUCRE DE CANNE BLANC RAFFINÉ
Pour commencer, voici celui auquel il est généralement fait référence lorsque l'on entend le mot « sucre » ; pur saccharose, c'est malheureusement le plus connu et utilisé.

Dénué de tout nutriment, il représente un apport calorique totalement vide. Source d'énergie rapide, pratique en cas d'urgence dans l'effort (sportifs), il engendre de la graisse s'il n'est pas utilisé par les muscles. De plus, il agit comme une pompe en puisant dans notre organisme des éléments vitaux (calcium et vitamines B en particulier) et nous déminéralise, causant carences, caries dentaires et affaiblissement général des défenses immunitaires.
À éviter sous toutes ses formes.

LE SUCRE DE CANNE ROUX
Dans la majorité des cas, c'est un sucre raffiné, recoloré, au mieux avec sa propre mélasse, au pire avec d'autres colorants ; pour le vérifier, il suffit simplement d'en déposer un peu dans une passoire et de le passer sous l'eau : il perd sa couleur...
Cela peut aussi être du sucre raffiné cuit.
Le mieux est de l'éviter.

LE SUCRE DE CANNE BLOND « BIO »
Bien moins raffiné que le sucre blanc, il lui reste encore un soupçon de vie et c'est un produit plus naturel. Son goût neutre l'avantage dans certaines préparations.
À consommer avec modération.

LE SUCRE DE CANNE COMPLET (Rapadura®, Sucanat®)
Produit complètement naturel, c'est simplement le jus de la canne à sucre séché. Bourré de vitamines et de minéraux, il ne provoque pas de caries et n'a pas tous les effets néfastes du sucre blanc. À préférer à ceux précédemment cités, sans hésitation. Son léger goût de réglisse plaît aux enfants, mais peut prendre le dessus dans certaines préparations. Ce sucre « sain » reste tout de même un sucre rapide à consommer avec modération.

LE MIEL
Constitué à 70% de fructose, il est absorbé plus lentement que le sucre (saccharose). Naturel par excellence, il est riche en substances vitales. Énergétique, il est particulièrement précieux pour les sportifs. De plus, il possède certaines propriétés médicinales suivant le type de fleur butinée. Il est très important de le consommer cru pour préserver ses précieuses enzymes. En pratique de naturopathie indienne, « l'aryuvéda », il est spécifié que « le miel cru est un médicament et le miel cuit un poison » (vérifier sur l'étiquette qu'il n'a pas été chauffé). Même cru, il reste un sucre rapide à index glycémique élevé. À utiliser avec sagesse comme un remède et à consommer en dehors des repas (dans des tisanes il est parfait).

LE SIROP D'ÉRABLE

Délicieux sucre liquide brun foncé, provenant de la sève concentrée de l'érable. Riche en minéraux (calcium, fer, zinc) et en vitamines (surtout du groupe B), il rehausse la saveur de tout ce qu'il accompagne et s'utilise notamment sur les crêpes, dans des yaourts... ou selon votre idée du moment. Il peut caraméliser en cuisant longtemps à feu très doux. Il reste néanmoins un sucre rapide à indice élevé (plus que le miel).
Ne pas en abuser.

LES SIROPS DE CÉRÉALES (RIZ, BLÉ, ORGE...)

Ils sont élaborés à partir de céréales complètes germées et sont riches en éléments vitaux. Ces délicieux sirops sont moins sucrés que tous les autres sucres cités précédemment. Ils peuvent être utilisés dans la majorité des préparations en raison de leur goût discret. Ces sirops au goût doux ont la faculté de caraméliser lorsqu'on les fait cuire, ce qui en fait de bons substituts au caramel de sucre blanc ou blond. Le sirop de riz cru contient une enzyme qui a la capacité de digérer les amidons. C'est donc un bon adjuvant pour des douceurs ou petits déjeuners à base de céréales (muesli, pains...). Leur index glycémique reste élevé.
Ne pas en abuser.

LE SIROP D'AGAVE

Sirop liquide naturellement élaboré à partir du jus d'un cactus, l'« agave ». D'un goût discret et agréable, son index glycémique bas est un de ses atouts principaux. De goût assez neutre et agréable, il ne tient pas la chaleur ce qui fait qu'il faut en mettre plus dans les pâtisseries cuites, ce qui baisse son intérêt. À préférer dans des smoothies ou pour sucrer un yaourt, un flan ou une panna cotta à base d'agar agar par exemple.

LA STEVIA REBAUDIANA

La plante aux feuilles sucrées d'Amérique du Sud a un pouvoir sucrant 25 fois plus élevé que le sucre habituel et ses propriétés multiples en font un édulcorant de choix. La stevia remplace le sucre blanc sans les inconvénients de celui-ci, et peut être consommée par les diabétiques grâce à un index glycémique proche de zéro. On la trouve en magasins bio et diététiques et même en grande distribution. Il est également possible de la faire pousser soi-même dans un pot et de l'utiliser séchée... Son léger goût d'herbe est caractéristique et se fond bien dans une tisane, mais plus difficilement dans un dessert.

LE SUCRE DE FLEUR DE COCO

Ce délicieux sucre de couleur brune à la saveur légèrement caramélisée subtilement fleurie de coco peut être utilisé à la place du sucre blanc ou brun dans les recettes. Son index glycémique très bas en fait un « top sucre », à un prix tout de même assez élevé dans les magasins bio. Dans les magasins asiatiques, on le trouve aussi en prix plus doux mais sa provenance est sans garantie ni traçabilité.

LES FRUITS

Contiennent du fructose accompagné d'une cohorte de vitamines, de minéraux, de fibres, d'enzymes, etc., ce sont des protecteurs de notre santé.
Ne pas oublier de les déguster pour combler plus sainement nos envies de douceurs.

LES FRUITS SECS

Concentrés en sucre bien assimilable (fructose), ils sont aussi riches en éléments bienfaisants, pratiques à emporter partout et se conservent bien.
Pommes, mangues, papayes, bananes, raisin, dattes, ananas, etc. : le choix est large et c'est parfait pour les fringales et les besoins d'énergie...
Penser à les glisser dans vos poches et celles de vos enfants ou bien dans la boîte à gants de la voiture en cas de petits creux intempestifs !

Des nouveaux types de sucres aux noms souvent bizarres sortent sur le marché régulièrement. Attention, privilégiez le naturel, le choix est suffisamment large...

ASTUCE PRATIQUE

Le résultat : de délectables crêpes souples et qui se tiennent bien. Réchauffer à nouveau sur une poêle bien chaude si elles ont refroidi trop vite… Elles sont légèrement plus épaisses que les crêpes « classiques » mais restent légères malgré tout. Ajouter un peu de fleur d'oranger à la pâte pour varier les plaisirs. Garnir à votre convenance.

Pâte à crêpes

pour environ une douzaine de crêpes

À faire à l'avance

Ingrédient

- 1 tasse ½ de farine de riz ½ complète ou complète
- 4 c. à soupe d'arrow-root ou autre fécule au choix
- 2 pincées de sel
- ½ tasse de farine de châtaigne
- 2 tasse ½ de *lait* végétal au choix
- 4 c. à soupe d'huile de cuisson
- 1 c. à soupe bombée de graines de lin

Préparation

Mixer finement les graines de lin avec un mini-mixer ou un moulin à café.

Mélanger la poudre ainsi obtenue avec 3 à 4 c. à soupe d'eau et laisser reposer environ 10 minutes afin de laisser ce mélange gélifier. Mélanger les farines, la fécule et le sel dans un saladier. Y verser l'huile, la gelée de graines de lin puis le *lait* petit à petit en mélangeant soigneusement l'ensemble.

Laisser reposer 1 heure. Mélanger à nouveau, la pâte doit être suffisamment fluide pour s'étaler facilement et rapidement, sinon allonger avec un peu de liquide. Faire cuire vos crêpes dans une poêle huilée bien chaude. Ne pas essayer de les retourner avant qu'elles soient bien cuites sur la première face. Mélanger la pâte entre chaque crêpe.

Si la pâte finale est trop épaisse, ajouter du *lait* par cuillérées. Ces crêpes sont bien plus longues à cuire que les traditionnelles, soyez patient…

ASTUCE PRATIQUE
On peut varier les farines et remplacer la noisette par de l'amande en poudre.
Il est aussi possible de n'utiliser que la farine de riz (1 T ¾).

Pâte à tarte sucrée

Pour 6 personnes

Ingrédients
- 1 tasse de farine de riz complet
- ¾ de tasse de farine de millet ou de châtaigne
- 1 c. à soupe rase de fécule (pomme de terre ou arrow-root)
- 4 c. à soupe de sucre complet
- 3 c. à soupe bombées de noisette en poudre
- 70 g de beurre (ou huile) de coco ou margarine
- ¼ de tasse + 1 ou 2 c. à soupe d'eau

Préparation
Mélanger les farines, la fécule, le sucre et la noisette, puis ajouter la matière grasse en émiettant du bout des doigts afin que le tout soit bien « sablé » (ou mettre l'ensemble au mixer). Ajouter l'eau petit à petit pour que le tout fasse de grosses miettes collantes (éviter que le mélange se mette en boule). Répartir équitablement l'ensemble dans un moule préalablement huilé, en pressant du bout des doigts la pâte au fond du moule. Bien tasser puis lisser à l'aide d'une cuillère mouillée. Garnir et cuire à four moyen environ 30 min, ou bien cuire puis garnir de fruits crus (voir fonds de tarte p. 156).

Les fonds de tartes

Crème amandine

pour une tarte

Ingrédients
- 2 grosses bananes pelées
- 4 c. à soupe bombées d'amande en poudre
- Quelques gouttes de jus de citron (facultatif)

Préparation
Écraser les bananes avec les amandes et le citron jusqu'à l'obtention d'une crème épaisse. L'étaler sur la pâte à tarte précuite pour une garniture crue, puis déposer les fruits choisis (fraises, framboises, abricots...) ou l'étaler sur une pâte à tarte crue, déposer des fruits en tranches fines (pommes, poires...) et cuire à four chaud 25 à 30 mn (ce fond devient une sorte de flan).

Fond de tarte douceur vanille

Mixer un bloc de tofu soyeux (ou de la banane) avec un édulcorant au choix et de la vanille naturelle jusqu'à obtenir une consistance crémeuse. Cette crème s'utilise crue ou cuite, et augmente la teneur en protéines du dessert.

La « crème fraîche de cajou vanillée » (p. 157) fait aussi un excellent fond de tarte cru.

ASTUCE PRATIQUE:
Un régal pour napper des coupes de fruits frais, un gâteau ou encore pour utiliser en fond de tarte. Pour broyer les noix, un mixeur ou hachoir électrique est recommandé, mais un bon mortier fera l'affaire.
Remplacer la vanille par un peu de mélange d'épices indien style « chaï » pour une crème au goût épicée

Crème fraîche de cajou vanillée

pour environ 1 petit bol de crème

Ingrédients
- ½ tasse de noix de cajou nature (non grillées)
- ¼ de tasse de *lait* végétal (riz, ou autre) environ
- 2 pincées de vanille en poudre
- 1 c. à soupe de miel ou de sirop d'agave

Préparation
Mixer finement les noix de cajou.
Ajouter les autres ingrédients ; ajuster suivant la consistance désirée (ferme et dense ou plus liquide).

NOTE SANTÉ
Riche en vitamine E (antioxydant majeur) et sans choléstérol.

Crème chantilly végétale multi-usages

pour 1 grande tasse de chantilly sucrée (250 ml) vanillée

Ingrédients
- ½ tasse (125 ml) de crème de soja nature (en briquette)
- ½ tasse d'huile de tournesol, pression à froid, désodorisée « goût neutre » bio
- 1 grosse c. à soupe de sirop d'agave, miel ou autre sucre ajouté au choix
- ½ c. à dessert de jus de citron frais
- 2-3 pincées de vanille en poudre (environ et au goût)

Préparation
Presser le citron dans un petit bol et réserver.
Bien mixer la crème de soja pendant 3 à 5 minutes de façon à obtenir une crème pleine de bulles. Ajouter le sucre, la vanille et l'huile et bien mixer l'ensemble quelques secondes.
Ajouter le jus de citron d'un seul coup, mixer rapidement (2 secondes pas plus) et arrêter le mixer aussitôt (il est important de ne pas trop mixer à ce stade).
Laisser raffermir au frais au moins 1 heure pour pouvoir l'utiliser comme une chantilly dense et aérienne. Ou alors, étaler cette crème (sur une tarte par exemple) et la passer au grill quelques minutes pour un effet « meringué » (voir recette de la tarte au citron meringué p. 167).

Variations pour 1 tasse (250ml) de chantilly parfumée
Ajouter à la crème de soja dans le mixer : 2 c. à soupe de purée d'amande ou de noisette ou des pistaches en poudre, des épices douces (cannelle, cardamome...).

Idée recette
Cacao chaud (au *lait* de riz) et chantilly végétale à la noisette. Café noir et chantilly végétale à l'amande...

NOTE PRATIQUE :
Résultat bluffant et usages multiples. Les quantités données pour la recette sont à titre indicatif, il suffit de faire moitié huile/moitié crème de soja et d'ajouter quelques gouttes de citron frais pour figer l'émulsion légère qui est créée par cette association. L'huile utilisée est celle de tournesol, pressée à froid, non raffinée et désodorisée naturellement (avec filtre papier). Disponible en magasins bio (souvent appelée « spéciale cuisson ») elle contient naturellement de la lécithine qui émulsionne la crème.
Un mixer plongeur aussi bien qu'un robot mixer font l'affaire pour réaliser cette recette. La quantité de sucre proposée ici donne un goût modérément sucré à la crème. Doser le sucre suivant votre convenance.

LES DOUCEURS SAINES

Crèmes fondante pour décors gourmands

> **ASTUCE PRATIQUE :**
> L'association de ces 2 noix offre un parfum subtil et discret dans ces recettes. La noix de cajou, très tendre, se réduit facilement en poudre très fine et donne une texture crémeuse à souhait. Réfrigérer pour solidifier la crème avant son utilisation. À température ambiante, elle ramollit comme du beurre. Cette délicieuse crème se congèle aussi parfaitement.

Une recette style « crème au beurre » qui permet de réaliser des glaçages et décors gourmands sur les gâteaux.

Vanille

Pour un petit pot de crème
Ingrédients
- 80 g de noix de cajou
- 2 c. à soupe de sucre glace blond non raffiné de miel ou de sirop d'agave
- 2 c. à soupe de beurre (ou huile) de coco
- 2 pincées de vanille en poudre

Préparation
Mixer finement les noix de cajou, faire fondre le beurre de coco dans un récipient au bain-marie. Mixer ensemble (ou bien mélanger) tous les ingrédients.

Chocolat

Pour un petit pot de crème
Ingrédients
- 60 g de noix de cajou
- 1 c. à soupe de cacao en poudre
- 3 c. soupe (rases) de sucre glace blond non raffiné, de miel ou de sirop d'agave
- 3 c. à soupe de beurre (ou huile) de coco

Préparation
Mixer finement les noix de cajou, faire fondre le beurre de coco dans un récipient au bain-marie. Mixer ensemble (ou bien mélanger) tous les ingrédients.

Orange

Pour un petit pot de crème
Ingrédients
- 80 g de noix de cajou
- 3 c. à soupe de jus d'orange
- 1 zeste râpé d'orange
- 1 c. à soupe (rase) de miel ou sucre ou sirop d'agave
- 2 c. à soupe de beurre (ou huile) de coco

Préparation
Mixer finement les noix de cajou, faire fondre le beurre de coco dans un récipient au bain-marie. Mixer ensemble (ou bien mélanger) tous les ingrédients.

Fruits rouges

Pour un petit pot de crème
Ingrédients
- 70 g de fruits rouges (fraise framboise, myrtille...)
- 2 c. à soupe de beurre (ou huile) de coco fondu
- 1 c. à soupe (rase) de miel ou sucre ou sirop d'agave
- 2 c. à soupe rase de noix de cajou en poudre

Préparation
Mixer les fruits en purée, ajouter la noix de cajou, faire fondre le beurre de coco dans un récipient au bain-marie.
Mixer ensemble (ou alors bien mélanger) tous les ingrédients.

ASTUCE PRATIQUE
Varier les flocons (penser aux céréales soufflées) et fruits secs. Ajouter des zestes d'agrumes ou quelques gouttes de leur huile essentielle.

Barre de céréales express

Pour environ 6 barres

Ingrédients
- ½ tasse de flocons de millet
- 1 c. à soupe de beurre ou huile de coco
- 4 c. à soupe de raisins secs
- 4 c. à soupe d'amandes concassées grossièrement
- 4 c. à soupe (grosses) de sirop de riz
- 1 pincée de sel

Préparation
Chauffer le coco dans une poêle à fond épais et y faire revenir les flocons en les mélangeant bien quelques minutes. Dans une autre poêle, porter le sirop à ébullition et laisser bouillir quelques secondes ; éteindre le feu et verser flocons, amandes et raisins en mélangeant constamment. Verser le tout dans un plat préalablement huilé. Étaler uniformément sur 1 cm d'épaisseur en pressant bien (avec les mains humides). Prédécouper des barres (ou autres formes). Laisser bien refroidir avant de couper les barres et de les déguster.

NOTE SANTÉ

Très nutritives et sans sucre ajouté, parfaites pour combler un petit creux

ASTUCES PRATIQUE

Ces barres sont bien pratiques à emporter en randonnée ou au ski par exemple. Remplacer les noisettes par des amandes (la poudre toute faite du commerce va bien aussi mais enlèvera du « crunchy » aux barres), du sésame, des graines de tournesol...

Barres nrj

pour 10 à 15 barres

Ingrédients

- 1 tasse de flocons de riz et/ou de millet
- 1 tasse de farine de châtaigne
- 1 petite pomme râpée gros
- 1 poignée de raisins secs
- ¼ de tasse de noisettes concassées grossièrement
- 1 tasse ½ de *lait* de riz
- ½ c. à dessert de cannelle en poudre (facultative)

Préparation

Verser les flocons et les raisins dans un grand bol ou saladier.

Ajouter le *lait* de riz bouillant et couvrir.

Laisser poser environ 10 minutes.
Verser tous les autres ingrédients dans le bol et mélanger soigneusement.
Préchauffer le four à 150 ° (four moyen).
Étaler ce mélange sur un plaque à four garni de papier cuisson (ou une plaque en silicone réutilisable) sur 1, 5 cm d'épaisseur maximum en formant un carré un ou rectangle.
Cuire environ 25 minutes puis laisser bien refroidir avant de découper les barres.

NOTE SANTÉ

Sans aucun sucre ajouté et au goût naturellement très doux. Nutritif et digeste, c'est un bon petit déjeuner ou un goûter parfait pour des enfants.

ASTUCE PRATIQUE

Recette simple et rapide, il est facile de se procurer les myrtilles congelées.
Il est possible de changer les fruits ou de ne pas en mettre du tout. Ajouter un peu de cannelle ou de gingembre en poudre pour varier les plaisirs

Pancakes pommes, myrtilles châtaignes

pour 4 pancakes

Ingrédients

- ¼ de tasse de farine de châtaigne
- ¼ de tasse de farine de riz complet
- ½ c. à dessert de poudre à lever bio (sans phosphates)
- ½ pomme râpée gros
- 1 poignée de myrtilles (fraîches ou congelées)
- 2 c. à soupe rases de noisette concassées ou en poudre
- ⅓ de tasse de *lait* de riz (environ)
- 1 c. à soupe de beurre (ou huile) de coco ou autre huile de cuisson

Préparation

Mélanger soigneusement les farines et la poudre à lever.
Ajouter les fruits, mélanger un peu, puis verser le *lait* petit à petit en mélangeant doucement jusqu'à obtenir une pâte semi liquide.
Faire chauffer une poêle avec l'huile.
Verser la pâte à l'aide d'une louche.
Laisser cuire à feu moyen quelques minutes de chaque côté.

ASTUCE PRATIQUE

Varier l'intensité du chocolat utilisé suivant les goûts, ici fort en chocolat noir. (Le chocolat pâtissier donne une mousse plus douce et onctueuse). Se congèle parfaitement et peut même se servir comme une crème mousseuse glacée au chocolat... mmm...

Mousse au chocolat dense et légère

Pour 4 à 6 personnes

Ingrédients

- 150 g de chocolat extra noir
- 2 tasses (500ml) de crème de soja en briquette
- 1/3 de tasse (6 -7 c. à soupe) de *lait* végétal
- 1 c. à dessert d'agar-agar en poudre
- 1 à 2 c. à soupe de sucre non raffiné ou sirop d'agave

Préparation

Fouetter la crème avec un fouet électrique ou au mixer (4 lames) pendant 5 bonnes minutes (elle doit être couverte de bulles et avoir augmenté d' 1/3 de son volume initial environ.

Dans une grande casserole, mélanger le *lait*, l'agar-agar et porter à ébullition rapidement.

Baisser le feu au minimum, verser le chocolat noir divisé en petits carrés et le faire fondre doucement complètement en mélangeant régulièrement et en faisant attention qu'il ne brûle pas.

Ajouter alors l'édulcorant, mélanger, éteindre le feu puis incorporer la crème fouettée (mélanger avec un fouet manuel en tournant et soulevant la masse chocolatée délicatement pour ne pas casser les bulles). Remplir un bol, coupes ou ramequins et réfrigérer environ 1 heure le temps que cela fige. Cette mousse peut aussi se démouler.

LES DOUCEURS SAINES

ASTUCE PRATIQUE
Penser à utiliser d'autres fruits pour ce dessert absolument délicieux.

NOTE SANTÉ
Ultraléger !

Mousse de fraises

Pour 4 personnes

Ingrédients
- 1 tasse de chantilly végétale (voir p. 158)
- ½ tasse de *lait* de riz (ou au choix)
- 300 g de fraises bien parfumées (gariguettes ou mara des bois)
- 2 c. à soupe de sirop d'agave ou de sucre blond
- 3 c. à dessert rases d'agar-agar en poudre

Préparation
Garder la chantilly au frais. Rincer et équeuter les fraises, puis les couper en morceaux. Verser le *lait* et l'agar-agar dans une casserole et porter à ébullition en mélangeant bien. Couper le feu, ajouter les fraises, l'édulcorant et mélanger à l'aide d'un mixer plongeur directement dans la casserole. Laisser un peu tiédir, puis ajouter délicatement la chantilly (réserver auparavant quelques cuillères pour la déco) en mélangeant doucement. Verser ce mélange dans des ramequins et placer au frais le temps que cela fige (environ 1 h). Démouler et décorer avec la chantilly.

Tarte au citron meringuée

Pour 6 à 8 personnes

Ingrédients

PÂTE
- 200 g de biscuits sablés écrasés (style spéculos) voir p. 178
- 60 g de beurre ou huile de coco fondu
- 60 g de sucre complet
- 3 c. à soupe de *lait* végétal

GARNITURE
- 2 tasses de *lait* de riz
- 3 c. à soupe de farine de riz complet
- 3 c. à dessert rases d'agar-agar en poudre
- 4 c. à soupe bombées de sucre
- 2 citrons non traités (jus et zeste)

MERINGUE
- Voir « Crème Chantilly multi-usages » p. 158

Préparation

Pâte :
Mélanger les biscuits écrasés avec le sucre puis ajouter le coco fondu, le *lait* végétal et bien mélanger à nouveau, à l'aide d'une fourchette. Huiler un moule large à bord haut (style plat à gratin) et y répartir le mélange en tassant bien (avec le dos d'une cuillère par exemple). Laisser refroidir au congélateur le temps de faire la garniture.

Garniture :
Dans une casserole, verser le *lait*, le sucre, les zestes râpés des citrons, la farine et l'agar-agar. Bien mélanger à l'aide d'un fouet. Porter à ébullition à feu moyen en remuant régulièrement. Laisser bouillir quelques secondes en continuant de remuer, couper le feu puis ajouter le jus des citrons. Mélanger. Laisser légèrement refroidir, puis verser le tout sur la pâte et laisser figer au frais environ 1 h. Lorsque la crème citronnée est bien ferme, étaler la crème « meringuable » dessus et passer l'ensemble juste quelques minutes sous le grill. Retirer la tarte au moment où la « meringue » commence à dorer (garder un œil vigilant à ce stade). Laisser refroidir avant de déguster.

Variation : utiliser des biscuits aux amandes, noisettes, etc. Changer le lait : coco, amande...

LES DOUCEURS SAINES

Clafoutis

Pour 4 à 6 personnes

Ingrédients
- 50 cerises ou mirabelles bien mûres (400 g environ)
- 1 tasse de *lait* végétal au choix
- 2 c. à soupe de farine de riz
- 3 c. à soupe de farine de tapioca
- 2 c. à soupe de sucre non raffiné
- 2 c. à soupe de purée d'amande ou d'amandes en poudre

Préparation
Étaler les fruits rincés et séchés dans un plat à gratin moyen.
Mélanger tous les autres ingrédients ensemble dans un bol.
Verser la pâte obtenue sur les fruits.
Cuire 30 minutes à four chaud (150°).
Déguster tiède ou froid.

Jolie recette simplissime ! Penser à d'autres fruits. La farine de tapioca se trouve dans les magasins asiatiques ou par correspondance chez Exquidia (fournisseurs en fin de livre p. 294). On peut la remplacer par de l'arrow-root.

ASTUCE PRATIQUE

En mixant des framboises avec du sirop d'agave on peut réaliser un coulis pour une déco gourmande. Varier les fruits. Particulièrement délicieux avec des cerises dénoyautées.
Les framboises se trouvent surgelées toute l'année.

Pannacotta de framboises à l'amande

pour 4 à 6 verrines
(ou ramequins)

Ingrédients
- 150 g de framboises
- 2 tasses (½ litre) de *lait* végétal à l'amande de préférence
- 2 c. à dessert rases d'agar-agar
- 1 c. à soupe de farine de riz complet
- 2 c. à soupe de purée d'amande blanche (ou poudre d'amande)
- 2 c. à soupe de sirop d'agave ou de sucre non raffiné

Préparation
Répartir les framboises dans les verrines.
Mélanger dans une casserole le *lait*, la farine et l'agar-agar.
Porter doucement à ébullition en mélangeant régulièrement.
Laisser bouillonner 30 secondes, éteindre, et ajouter la purée d'amande (si la poudre est utilisée, la verser avec les autres ingrédients au début) et le sirop (ou sucre).
Verser la crème encore chaude sur les framboises.
Laisser prendre au frais au moins 1 heure avant de déguster.

LES DOUCEURS SAINES

ASTUCE PRATIQUE

Moins le moule est profond plus la préparation fige vite ! L'agar-agar est une algue dotée d'un pouvoir gélifiant huit fois plus élevé que celui de la gélatine animale (qui est extraite de la peau et des os des bovins).

NOTE SANTÉ

Ce flan est léger et digeste. L'agar-agar contient une bonne teneur en fer et en calcium et convient bien aux intestins paresseux.

Flan au chocolat

Pour 2 ou 3 personnes

Ingrédients

- 2 tasses de *lait* végétal au choix
- 2 c. à soupe de farine de riz
- 2 c. à soupe rases de poudre d'amande ou de noisette
- 2 c. à soupe de sucre complet
- 2 c. à dessert rases d'agar-agar
- 75 g de chocolat noir

Préparation

Verser le *lait* dans une casserole avec le chocolat coupé en morceaux et tous les autres ingrédients.

À l'aide d'un fouet, bien mélanger et porter à ébullition en remuant régulièrement. Lorsque cela bout, couper le feu et verser le mélange dans un ou plusieurs moules.

Attendre le refroidissement complet au réfrigérateur avant de déguster.

ASTUCE PRATIQUE
Déguster agrémenté de crème végétale ou d'une boule de glace vanille.

Crumble pomme noisette citron

Pour 6 personnes

Ingrédients
- 5 ou 6 pommes à cuire
- 1 tasse de farine de riz
- ½ tasse de noisettes grossièrement concassées
- ½ tasse de sucre complet
- ⅓ de tasse de beurre (ou huile) de coco fondu ou une autre huile de cuisson au choix
- Le zeste râpé d'1 citron bio

Préparation
Mélanger la farine, les noisettes et le sucre, puis incorporer le coco fondu petit à petit en frottant l'ensemble avec le bout des doigts de façon à enduire complètement le mélange et à obtenir une sorte de sable gras (il est aussi possible de faire le tout à l'aide d'un mixer).

Peler et couper les pommes en petits morceaux. Les répartir au fond d'un joli plat à four et répartir le zeste. Saupoudrer le « sable » sur les pommes et les recouvrir entièrement.

Cuire à four chaud (thermostat 3 ou 160 °C) environ 35 min ; le dessus doit être croustillant et les pommes, tendres.

Variation : ajouter des myrtilles ou des pépites de chocolat. Remplacer la noisette par de l'amande.

LES DOUCEURS SAINES

ASTUCE PRATIQUE
Remplacer le zeste d'orange par 6 gouttes d'huile essentielle d'orange douce ou de mandarine.

Brownies choco noisette orange

Pour 8 personnes

Ingrédients
- 1 tasse ½ de farine de riz complet
- 6 c. à soupe de noisettes grossièrement concassées
- 2 c. à soupe de fécule au choix
- 1 tasse ¼ de sucre complet
- 1 c. à soupe de poudre à lever
- 1 zeste d'orange râpé (ou 4 c. à soupe d'écorce d'orange confite)
- 1 tablette (100 g) de chocolat extra noir
- 1 tasse ½ de *lait* végétal au choix
- 90 g (½ tasse) d'huile de cuisson (coco, margarine...)

Préparation
Verser le *lait* dans une casserole, y ajouter le chocolat en petits morceaux et chauffer doucement en remuant de temps en temps pour que le tout fonde. Ajouter l'huile puis le sucre. Laisser légèrement refroidir.

Dans une poêle à fond épais, faire dorer légèrement à feu doux les noisettes. Dans un saladier, bien mélanger la farine, la fécule, la poudre à lever, les noisettes et le zeste. Ajouter alors délicatement la mixture au chocolat en « soulevant » la pâte à l'aide d'un fouet. Huiler un moule large et bas de type plat à gratin et verser le mélange.

Cuire à four moyen environ 25 min. Laisser refroidir avant de déguster.

ASTUCE PRATIQUE
Se congèle parfaitement...

Pour 6 à 8 personnes

Ingrédients :
- 1 tasse de farine de sarrasin
- 1 tasse de farine de riz complet
- ½ tasse d'amandes et/ou noisettes concassées grossièrement
- 1 tasse ½ de sucre complet
- 2 c. à dessert bombées de mélange pour pain d'épices ou du « chaï » en poudre (mélange d'épices pour thé indien)
- 1 sachet de poudre à lever
- 1 pincée de sel
- 1 zeste de citron ou d'orange (non traité)
- 1 c. à soupe de vinaigre de cidre
- 1 tasse ½ de *lait* végétal au choix
- ⅓ de tasse d'huile de cuisson au choix (ou environ 100 g d'huile de coco fondu)

Gâteau d'épices glacé à la crème

Préparation

Préchauffer le four.
Mélanger soigneusement dans un saladier les 8 premiers ingrédients (secs).
Dans un petit bol, mélanger les 3 derniers ingrédients (liquides).
Verser ensuite le contenu du petit bol dans le saladier, en mélangeant doucement à l'aide d'un fouet. Verser le tout dans un grand moule à cake légèrement huilé et cuire à four chaud (160°) environ 1 heure ou dans de petits moules individuels (à muffins par exemple) et raccourcir alors le temps de cuisson (30 à 40 minutes environ).
Laisser refroidir avant de démouler.
Pour ajouter une touche plus gourmande, décorer avec un glaçage orange ou vanille (voir p. 160 « crèmes fondantes pour décors gourmands »)

LES DOUCEURS SAINES

ASTUCE PRATIQUE
Remplacer la noisette par de l'amande, ou de la noix de coco râpée.

Financiers à la noisette

Pour environ 20 mini-financiers

Ingrédients

- ½ tasse de noisettes en poudre (70 g)
- ½ tasse de farine de riz complet
- 1 c. à soupe d'arrow-root ou autre fécule au choix (pomme de terre, maïs...)
- ¼ de tasse de sucre blond ou complet
- ½ sachet de poudre à lever
- ½ tasse de *lait* végétal
- ¼ de tasse (4 c. à soupe) d'huile de cuisson

Préparation

Mélanger soigneusement les cinq premiers ingrédients (secs) dans un grand bol.

Mélanger les deux derniers ingrédients puis verser l'ensemble dans le bol et remuer délicatement pour obtenir une pâte fluide.

Verser dans des mini-moules bas (ou des caissettes en papier) et cuire environ 25 à 30 minutes à four chaud (160°).

Attendre le refroidissement complet avant de déguster.

Madeleines à la châtaigne

Pour environ 20 madeleines

Ingrédients
- ½ tasse de farine de riz complet
- ½ tasse de farine de châtaigne
- 2 c. à soupe bombées de noisettes (ou d'amande) en poudre
- ½ tasse de sucre
- 1 c. à dessert de fécule
- 1 c. à dessert bombée de poudre à lever
- ¾ de tasse de *lait* végétal au choix
- ⅓ de tasse (70 g) d'huile de cuisson

Préparation
Mélanger ensemble les 6 premiers ingrédients (secs) dans un saladier.

Mélanger ensemble l'huile et le *lait* (à température ambiante) puis les ajouter aux ingrédients secs en mélangeant doucement.

Déposer la pâte dans les moules (attention de ne pas trop les remplir) et cuire à four chaud (160°) 25 min (les bords commencent juste à dorer).

Laisser refroidir avant de démouler.

Gâteau coco choco

Pour 6 à 8 personnes

Ingrédients
- 2 tasses de farine de riz complet
- 4 c. à soupe de noix de coco râpée
- 1 c. à soupe de fécule ou d'arrow-root
- 1 tasse ¼ de sucre non raffiné
- 2 c. à dessert de poudre à lever
- 1 tasse ½ de *lait* de coco
- ½ tasse de beurre (ou huile) de coco fondu (90 g)
- Glaçage : 1 tablette de chocolat

Préparation
Dans un saladier, mélanger les cinq premiers ingrédients (secs). Dans un bol, mélanger les deux derniers ingrédients (liquides), puis ajouter l'ensemble au premier mélange (sec) en « soulevant » la pâte délicatement à l'aide d'un fouet.

Verser dans un moule huilé et cuire 40 à 50 min (suivant la profondeur du moule) à four moyen (thermostat 3 ou 160 °C).

Sortir le gâteau du four et répartir des petits morceaux de chocolat dessus ; remettre au four quelques minutes puis étaler le chocolat fondu à l'aide d'une spatule.

Déguster totalement refroidi.

ASTUCE PRATIQUE
La cuisson varie suivant la profondeur du moule ; plus il est large, moins le temps de cuisson est long. Pour une saveur citron plus corsée, ajouter 2 à 5 gouttes d'huile essentielle de citron. Essayer en remplaçant le citron par de l'orange.

Gâteau amande citron

Pour 4 à 6 personnes

Ingrédients
- 2 tasses de farine de riz complet
- 6 c. à soupe de poudre d'amande
- 1 c. à soupe de fécule
- 1 tasse ¼ de sucre blond non raffiné
- Le zeste râpé d'1 citron bio
- ½ sachet de poudre à lever
- 1 tasse ½ de *lait* d'amande
- ½ tasse d'huile de cuisson (tournesol « oléique spécial cuisson » par exemple) ou d'un mélange de purée d'amande et d'huile d'olive douce
- 1 c. à soupe de vinaigre de cidre

Préparation
Dans un saladier, bien mélanger les 6 premiers ingrédients (secs).

Dans un bol, mélanger les 3 derniers ingrédients (liquides).

Ajouter délicatement le mélange liquide au mélange sec en « soulevant » la pâte à l'aide d'un fouet.

Verser la mixture dans un moule huilé et cuire environ 45 min à four moyen (thermostat 3 ou 160 °C).

Démouler lorsque refroidi.

Les douceurs saines

Biscuits Spéculoos

Pour 15 biscuits environ

Ingrédients
- 1 tasse de farine de riz complet
- ½ tasse de farine de sarrasin
- 1 c. à soupe de fécule
- 6 à 8 c. à soupe de sucre complet
- 1 c. à soupe rase de mélange pour pain d'épice (ou cannelle + girofle + gingembre en poudre)
- 6 à 8 c. à soupe d'huile ou matière grasse au choix
- 7 à 8 c. à soupe de *lait* végétal

Préparation
Mélanger soigneusement les ingrédients secs (les 5 premiers). Ajouter l'huile et bien l'incorporer au mélange en frottant du bout de vos doigts (ou passer le tout au mixer) de façon à obtenir comme un sable gras. Ajouter alors le liquide petit à petit et bien mélanger jusqu'à ce que la pâte se tienne suffisamment lorsqu'on la presse pour faire une boule (ne pas la faire trop humide et ne pas trop malaxer, les biscuits deviendraient durs).
Prélever alors des boules de pâte et aplatir en formant des biscuits qui seront déposés sur une plaque huilée ou du papier cuisson au fur et à mesure de leur confection.
Cuire dans un four préchauffé, 30 à 40 min (environ suivant l'épaisseur) à four moyen (160°) sur la plaque au milieu du four.
Laisser complètement refroidir avant de les manipuler (sinon casse assurée !).

NOTE PRATIQUE
Varier en remplaçant un tiers de la farine de riz par de la farine de châtaigne, la vanille par des zestes d'agrumes. Ajouter 2 à 4 c. à soupe de noisettes, d'amandes en poudre ou du sésame.

Cookies vanille et pépites de chocolat

Pour 15 biscuits environ

Ingrédients
- 1 tasse ½ de farine de riz complet
- 2 c. à soupe de fécule
- 6 à 8 c. à soupe de sucre blond non raffiné
- 1 c. à dessert rase de vanille en poudre
- 1 poignée de pépites de chocolat
- 6 à 8 c. à soupe d'huile ou matière grasse au choix
- 7 à 8 c. à soupe de *lait* végétal

Préparation
Mélanger soigneusement les ingrédients secs (les 5 premiers). Ajouter l'huile et bien l'incorporer au mélange en frottant du bout de vos doigts (ou passer le tout au mixer) de façon à obtenir comme un sable gras. Ajouter alors le liquide petit à petit et bien mélanger jusqu'à ce que la pâte se tienne suffisamment lorsqu'on la presse pour faire une boule (ne pas la faire trop humide et ne pas trop la malaxer, les biscuits deviendraient durs).
Prélever alors des boules de pâte et aplatir en formant des biscuits qui seront déposés sur une plaque huilée ou du papier cuisson au fur et à mesure de leur confection.
Cuire dans un four préchauffé, 30 à 40 min (environ suivant l'épaisseur) à four moyen (160°) sur la plaque au milieu du four.
Laisser complètement refroidir avant de les manipuler (sinon casse assurée !).

LES DOUCEURS SAINES

Cookies aux flocons et raisins

Pour 2 ou 3 personnes

Ingrédients
- 1 tasse de farine de riz (ou d'autres farines au choix)
- 1 tasse de flocons de millet (ou d'autres flocons au choix)
- ½ tasse de raisins secs
- ½ tasse de noisettes ou d'amandes hachées gros
- ¾ de tasse de sucre complet
- ½ tasse d'huile de coco fondu
- ½ tasse d'eau
- Le zeste râpé d'1 citron ou d'1 orange

Préparation
Mélanger soigneusement les ingrédients secs (les 5 premiers) ainsi que l'arôme choisi. Ajouter l'huile et bien l'incorporer au mélange précédent à l'aide d'une fourchette ou des doigts. Ajouter alors l'eau et bien mélanger. Laisser reposer 10 min. Prélever alors des boules de pâte et aplatir pour former des cookies qui seront déposés sur une plaque huilée ou du papier cuisson au fur et à mesure de leur confection. Cuire dans un four préchauffé, 25 min environ à four moyen (thermostat 3, 160 °C), sur la plaque en haut du four.
Laisser complètement refroidir avant de les manipuler (sinon casse assurée !).

ASTUCE PRATIQUE

La semoule ou polenta de riz se trouve dans les magasins de produits biologiques, ainsi que chez les fournisseurs par correspondance (voir p. 294). La semoule de riz peut être remplacée par n'importe quelle autre variété de semoule (polenta instantanée).

Gâteau de semoule au zeste d'orange

Pour 4 personnes

Ingrédients

- ½ tasse de semoule de riz
- 50 g de raisins secs
- Le zeste râpé d'1 orange
- 2 tasses de *lait* au choix
- 1 c. à soupe de beurre (ou huile) de coco
- 2 c. à soupe de sirop de riz, d'érable ou d'agave

Préparation

Dans une casserole, porter le *lait* à ébullition avec le zeste. Verser la semoule en pluie tout en mélangeant rapidement à l'aide d'un fouet. Baisser le feu au minimum.

Ajouter les raisins secs et mélanger constamment quelques minutes (la consistance devient une purée épaisse).

Éteindre le feu, ajouter le coco, mélanger et couvrir. Laisser reposer 10 min.

Passer un ou plusieurs petits moules rapidement sous l'eau froide, puis répartir le sirop au fond et y verser la préparation encore chaude. Laisser complètement refroidir avant de démouler.

Variation : parfumer à la vanille, au citron, au chocolat, au coco... Varier les sortes de lait ou les fruits secs pour créer une infinité de saveurs.

Les douceurs saines

Pudding de millet coco épices

Pour 4 personnes

Ingrédients
- ½ tasse de millet
- 1 tasse de *lait* de riz (ou d'eau)
- 1 tasse de *lait* de coco
- 1 morceau de cannelle
- 4 gousses de cardamome
- 4 c. à soupe de sucre non raffiné

Préparation

Rincer le millet. Verser tous les ingrédients dans une casserole et porter à ébullition.

Couvrir et cuire à feu très doux 30 min en remuant de temps en temps pour éviter que cela attache.

Éteindre le feu et laisser gonfler à couvert 15 min.

Déguster chaud en purée, ou verser dans un moule passé préalablement sous l'eau froide, laisser refroidir et couper des formes.

Variation : essayer avec de la polenta instantanée pour limiter la cuisson à 3 min. chrono.

NOTE SANTÉ
Pas de sucre ajouté dans cette recette à la saveur toute douce.

Riz au lait à l'orientale

Pour 2 ou 3 personnes

Ingrédients
- 2 tasses de riz rond cuit
- 4 c. à soupe d'amandes broyées ou purée d'amande
- 10 dattes dénoyautées et hachées fin
- 2 tasses de *lait* végétal au choix
- 1 c. à soupe d'eau de fleur d'oranger (facultatif)

Préparation
Dans une casserole, verser le riz, le *lait* choisi, les dattes et les amandes.
Cuire à feu doux 15 min environ en mélangeant régulièrement.

Verser éventuellement l'eau de fleur d'oranger et laisser cuire encore 5 à 10 min en remuant régulièrement.
Le mélange doit être crémeux.

Déguster froid ou chaud.

Variation : *remplacer l'eau de fleur d'oranger par de l'eau de rose.*

LES DOUCEURS SAINES

NOTE SANTÉ
Le tapioca est une fécule exotique très douce et digeste.

Perles de tapioca mangue coco

Pour 4 personnes

Ingrédients
- ½ tasse de tapioca (100 g)
- 2 tasses d'eau
- ½ tasse de *lait* de coco (environ)
- 2 ou 3 c. à soupe de sucre non raffiné
- 1 mangue bien mûre

Préparation
Dans une casserole, à feu moyen, cuire le tapioca dans l'eau en remuant de temps en temps. Lorsqu'il est bien gonflé, ajouter le *lait* de coco et le sucre, bien mélanger et cuire à feu doux quelques minutes en remuant régulièrement.

Peler et couper la mangue en petits dés et la répartir dans quatre ramequins ou autres verrines.
Couvrir les mangues de la préparation au tapioca.

Déguster chaud ou froid.

Variation : *remplacer le sucre par du miel.*

ASTUCE PRATIQUE

Des biscuits à la cuillère ou n'importe quels autres biscuits sablés feront l'affaire pour cette recette toute simple. Pour une double couche, doubler les ingrédients.

NOTE SANTÉ

Cette version ultralégère du tiramisu reste néanmoins délicieuse.

Tiramisu express

Pour 4 personnes

Ingrédients

- 1 paquet de biscuits à la cuillère ou biscuits sablés au choix
- 1 brique de crème dessert toute faite à la vanille (½ l)
- ½ tasse de café (ou de succédané) très fort
- Cacao en poudre non sucré

Préparation

Choisir un petit plat à gratin pour quatre.
Tremper rapidement recto verso chaque biscuit dans le café et les disposer dans le fond du moule.
Recouvrir complètement de la crème.
Saupoudrer le tout de cacao à l'aide d'une passoire à grille fine.

Garder au frais avant de déguster.

ASTUCE PRATIQUE
Très simple et délicieux !

Pommes au four farcies

Ingrédients

- 1 pomme à cuire par personne

Puis au choix :
- Amandes, noisettes, sésame... en purée ou concassés
- Sirop de riz, d'érable...
- Parfum au choix : zeste d'agrume, cannelle, cardamome, vanille...

Préparation

Retirer la partie centrale des pommes sans les peler (il existe un outil « évide-pomme », prévu à cet effet).

Déposer les pommes dans un plat à four. Les garnir d'un mélange des ingrédients sélectionnés.

Cuire à four chaud (180°) environ 30 min. Dès que la peau « éclate », c'est prêt ! Déguster chaud à la cuillère, avec éventuellement une crème dessert à la vanille ou une boule de glace.

Nem poire amande chocolat

Pour 4 nems

Ingrédients
- 4 grandes crêpes de riz
- 2 grosses poires bien mûres
- 4 c. à soupe rases d'amandes en poudre
- 100 g de chocolat noir
- Huile de cuisson

Préparation
Peler, épépiner les poires et les couper en fins morceaux. Faire ramollir les crêpes de riz dans un récipient avec de l'eau. Les poser bien à plat sur des torchons propres et secs pour absorber le surplus d'eau des 2 côtés (les retourner 1 fois).
Mélanger la poudre d'amande aux poires et répartir ce mélange en 4 petits tas allongés près du bord de chaque crêpe. Rouler les nems en rabattant les extrémités.
Couper le chocolat en morceaux et le mettre dans un bol, à fondre au bain-marie.
Chauffer un peu d'huile de cuisson dans une poêle. Y dorer les nems de tous les côtés et servir aussitôt accompagné chacun de chocolat chaud fondu.
Ce dessert festif est très simple à réaliser et contient peu de sucre.

ASTUCE PRATIQUE

On trouve des galettes de riz fraîches au rayon frais des magasins bio (marque Bioriza). Autrement, les crêpes classiques du rayon de produits asiatiques des supermarchés feront l'affaire (après une réhydratation préalable).

NOTE SANTÉ

Ce dessert sans sucre ajouté est léger et digeste.

Triangle croustifondant aux pommes

Pour 2 personnes

Ingrédients
- 2 grandes crêpes de riz
- Beurre (ou huile) de coco fondu
- 1 pomme à cuire pelée
- 1 c. à soupe de raisins secs

Préparation

Trancher la pomme très finement. Enduire les crêpes d'huile à l'aide d'un pinceau et les plier en deux. Répartir les pommes sur les deux moitiés des demi-cercles et parsemer les raisins. Rabattre les crêpes sur les fruits.

Huiler et chauffer une poêle ; lorsqu'elle est bien chaude, verser les triangles et presser les bords à l'aide d'une spatule en bois pour qu'ils adhèrent. Laisser cuire environ 4 à 5 min de chaque côté (les bords vont légèrement dorer). Déguster immédiatement.

ASTUCE PRATIQUE
Varier les fruits secs et oléagineux (amande, noix, abricot, figue hachée, etc.).

Caramels aux fruits secs

Pour environ 12 gros caramels

Ingrédients
- 3 c. à soupe de noisettes concassées
- 4 c. à soupe de raisins secs
- 3 c. à soupe de beurre de coco
- 3 c. à soupe de sirop de riz
- Un moule à glaçons souple en silicone

Préparation
Dans une casserole, porter le sirop de riz à ébullition quelques instants. De petites bulles doivent couvrir la surface.
Ajouter le beurre de coco, mélanger puis éteindre le feu.
Ajouter les fruits secs et mélanger.
Répartir ce mélange et le tasser dans le moule à glaçons passé sous l'eau froide et égoutté préalablement. Laisser solidifier au réfrigérateur avant de déguster.

Les fruits et les légumes

Les fruits et les légumes sont gorgés de vertus bienfaisantes ; ils sont sources de vitamines, de minéraux, d'enzymes, de fibres. Ils sont considérés comme les « aliments santé » par excellence.

Cinq fruits et légumes par jour sont actuellement préconisés par le Programme Nutrition Santé. En effet, les scientifiques sont formels, les personnes qui en mangent suffisamment sont moins souvent atteintes de maladies cardiovasculaires, de cancers, de diabète et d'obésité.

L'idéal serait de déguster les fruits et légumes majoritairement crus, surtout par temps chaud. Choisir des fruits et légumes extrafrais, non traités et de saison est très important, mais l'essentiel est d'en consommer, même s'ils ne sont pas bio ; alors, ne pas mettre de frein et déguster fruits et légumes sans retenue pour obtenir de précieuses vitamines antioxydantes qui nous protègent de l'attaque des pollutions diverses et du vieillissement prématuré de nos cellules. Les fruits et les légumes ont des propriétés quasi médicinales (lire *Se soigner par les légumes, les fruits et les céréales,* Dr Jean Valnet, éd. Le Livre de poche). Les agrumes et les petits fruits rouges par exemple, ou les tomates ainsi que les légumes de la famille des crucifères (chou, chou-fleur, brocoli, etc.) sont particulièrement riches en substances anticancéreuses (voir « Les aliments anticancer et les alicaments » p. 268).

Pour bénéficier des vitamines et des vertus spécifiques à chacun, penser à varier les couleurs, pour créer de jolies assiettes attrayantes. Attention aux modes de cuisson qui détruisent les précieuses vitamines (voir « Les méthodes de cuisson saines » p. 280).

Voici quelques-uns des fruits et légumes les plus riches en antioxydants :
La fraise, la pomme, la cerise, le raisin, le pamplemousse, l'avocat, l'oignon, la patate douce, le radis, l'épinard...

Délice pêche amande

Pour 1 personne

Ingrédients
- 1 pêche bien mûre dénoyautée et coupée en quatre
- 1 verre de *lait* d'amande
- Un peu de miel

Préparation
Mixer le tout et déguster.

Frappé coco abricot

Pour 1 personne

Ingrédients
- 1 tasse de *lait* de coco
- 2 ou 3 abricots bien mûrs dénoyautés et coupés en morceaux
- 1 c. à soupe de miel
- Quelques glaçons

Préparation
Mixer le tout et déguster sans attendre.

ASTUCE PRATIQUE
Essayer avec d'autres fruits.

LES FRUITS ET LES LÉGUMES

Glace express banane cardamome

Pour 4 personnes

Ingrédients
- 4 bananes pelées et congelées
- ½ c. à déssert de cardamome en poudre

Préparation
Râper les bananes encore gelées à la grille fine du mixer. Mélanger la cardamome. Répartir dans des ramequins. Servir ou garder au congélateur.

Variation : essayer d'autres épices, des zestes d'agrumes, ajouter des pépites de chocolat ou de la noix de coco râpée, un peu de spiruline (changement de couleur en vert intense !)...

ASTUCE PRATIQUE
Mixer ou robot indispensable : la cardamome apporte sa saveur inimitable qui se marie à merveille avec la banane.

NOTE SANTÉ
Cette glace pur fruit est délicieusement légère.

Brochettes de fruits frais

Pour 4 personnes

Ingrédients d'été
- 1 pêche ou 1 brugnon coupé en gros dés
- 1 kiwi pelé et coupé en gros dés
- 8 petites fraises entières
- 2 abricots coupés en quatre

Ingrédients d'hiver
- 1 poire ou 1 pomme coupée en gros dés
- 8 grains de raisin rouge
- 1 kiwi pelé et coupé en gros dés
- 1 ou 2 clémentines pelées et séparées en quartiers

Préparation
Enfiler les morceaux de fruits alternativement sur des piques en bois.

ASTUCE PRATIQUE
Varier les fruits selon la saison, les couleurs et les goûts. Une façon appétissante de consommer des fruits !

Salade de fruits au chocolat

Ingrédients
- Fruits de saison frais de divers coloris
- Chocolat fondu ou pépites de chocolat

Préparation
Couper tous les fruits en morceaux. Mélanger avec les pépites de chocolat ou arroser d'un filet de chocolat fondu à feu doux avec un peu d'eau ou de *lait* végétal.

ASTUCE PRATIQUE
Dessert simple et pourtant festif. Cette recette est aussi parfaite pour faire manger des fruits aux enfants ! En hiver, ajouter des fruits secs et des oléagineux (amandes, noisettes, noix…).

NOTE SANTÉ
Vous trouverez des pépites de chocolat de qualité dans les magasins de produits biologiques.

Ananas décalé piqué de fraises

Ingrédients
- 1 ananas
- 1 petite barquette de fraises mara des bois ou gariguette

Préparation
Couper l'ananas de haut en bas en six ou huit suivant sa grosseur. Enlever la partie dure du centre. Découper la peau en laissant la chair de l'ananas posée dessus et couper celle-ci en petites tranches. Décaler une tranche sur deux et planter une pique sur chacune. Rincer et équeuter les fraises. Planter les plus petites sur les piques.

NOTE SANTÉ
L'ananas contient des enzymes digestives puissantes.

Carpaccio d'ananas à la menthe

Ingrédients
- 1 ananas
- ½ bouquet de menthe fraîche

Préparation
Ciseler les feuilles de menthe. Couper l'ananas en quatre, enlever la partie centrale un peu dure. Découper des tranches très fines. Les disposer dans des ramequins individuels en alternant une couche d'ananas et la menthe et ainsi de suite ; terminer par quelques feuilles de menthe. Maintenir au frais avant de servir.

Crumble de fruits fraîcheur d'été

Pour 4 personnes

Ingrédients
- 2 pêches ou brugnons
- 250 g de fraises
- 1 kiwi
- 2 abricots
- 2 yaourts de soja nature
- 1 dizaine de biscuits sablés style spéculoos

Préparation
Rincer et équeuter les fraises. Peler le kiwi. Rincer les autres fruits. Couper l'ensemble en dés. Les répartir dans des ramequins jusqu'à moitié de leur hauteur. Couvrir de yaourt. Écraser les biscuits. Parsemer complètement sur le yaourt les miettes ainsi obtenues.

ASTUCE PRATIQUE
Les fruits utilisés peuvent évidemment varier suivant l'inspiration du moment et la saison.

Hérisson de mangue à la neige

Pour 4 personnes

Ingrédients
- 2 mangues mûres à point
- 4 c. à soupe de noix de coco râpée

Préparation
Couper les mangues de haut en bas dans la longueur de part et d'autre du noyau à l'aide d'un bon couteau. Couper à l'intérieur de chaque morceau en forme de quadrillage jusqu'à toucher la peau mais sans la percer. Retourner chaque demi-mangue et saupoudrer les « hérissons » ainsi obtenus de la noix de coco. Servir.

Smoothie pur fruit

Pour 1 grand verre

Ingrédients
- 1 banane
- Le jus d'1 orange
- Quelques fraises ou autres fruits de saison au choix
- 1 c. à soupe de purée d'amande, de noisette, de coco…

Préparation
Laver et équeuter les fraises, peler la banane. Mixer tous les ingrédients et déguster sans attendre.

ASTUCE PRATIQUE
« Smoothie » vient de l'anglais qui veut dire « doux », « onctueux ». Varier les fruits suivant l'inspiration et la saison.

NOTE SANTÉ
Cette préparation épaisse, nourrissante et énergétique est parfaite pour un petit déjeuner.

ASTUCE PRATIQUE
Les épices sont un mélange de cannelle, cardamome, girofle, anis étoilé et gingembre. Vous pouvez le faire vous-même.

Tartare de fruits aux épices

Pour 4 personnes

Ingrédients
- 250 g de fraises équeutées
- 1 poire
- 1 pêche
- 2 abricots
- 2 kiwis pelés
- 1 c. à soupe de mélange d'épices pour « chaï » ou vin chaud
- 1 c. à soupe de sirop de riz ou autre sucre

Préparation
Verser les épices et le sirop dans une demi-tasse d'eau, porter à ébullition, laisser cuire 10 min puis laisser refroidir.
Détailler les fruits en tout petits dés et les disposer dans un saladier. Filtrer l'infusion d'épices et verser sur les fruits. Bien mélanger. Répartir les fruits dans des ramequins et tasser légèrement.
Garder au frais 1 heure. Démouler sur de petites assiettes avant de servir.

Variation : varier les fruits selon la saison en jouant sur les couleurs.

L'art de déguster des crudités et des salades

Choisissez au marché, si vous le pouvez, les légumes de saison frais qui vous font envie. La plupart des légumes frais peuvent être dégustés crus. Quand les légumes sont bio, ils n'ont pas besoin d'être pelés, d'autant moins que c'est dans la peau que réside la majorité des vitamines ; en plus, quel gain de temps ! Quand les légumes ne sont pas bio, il faut les peler car les résidus toxiques des produits chimiques sont surtout concentrés dans la peau !

Sélectionnez des légumes de diverses couleurs pour créer d'appétissantes assiettes vitaminées !

La brosse à légumes s'avère utile pour nettoyer les légumes bio encore un peu terreux, comme les carottes ou les betteraves.

Rouge
Betterave, chou rouge, poivron, tomate, salade et endive rouges, radis rose...

Orange et jaune
Carotte, potiron, poivron, tomate...

Vert
Salades, graines germées et pousses, concombre, brocoli, avocat, poivron, blette, épinard...

Blanc
Chou-fleur, chou blanc, chou chinois, céleri, radis noir, endive, germes de soja...

Arc-en-ciel de légumes

Pour créer votre salade, choisissez des éléments de chaque couleur, lavez-les et préparez-les comme vous le souhaitez : râpés, hachés, mixés, en lanières (avec l'économe), en tranches, en bâtonnets...

Au dernier moment pour préserver la vitalité au maximum
Enzymes et vitamines s'altèrent et s'oxydent très rapidement après la transformation. Le citron a la propriété de ralentir l'oxydation : ne pas hésiter à en presser sur les crudités fraîchement râpées, cela évite qu'elles brunissent. Décorer avec d'autres éléments comme des olives, des fleurs (non traitées), des herbes fraîches, des noix, des amandes, du sésame, etc. Assaisonner au dernier moment, ou laisser chacun composer sa propre sauce en mettant différentes huiles et différents condiments à disposition (voir « Les herbes aromatiques, les épices, les condiments » p. 270).

NOTE SANTÉ

C'est la version sans cholestérol de la recette d'origine. Le céleri est riche en minéraux. Tonique du système nerveux, c'est un draineur pulmonaire qui a aussi une action contre certaines douleurs rhumatismales.

Céleri rémoulade à la noisette

Pour 4 personnes

Ingrédients
- 1 céleri-rave de taille moyenne (400 g environ)
- 4 c. à soupe de noisettes en poudre
- le jus d'1 citron
- 2 c. à soupe d'huile de noix ou de colza
- 1 c. à dessert de moutarde
- Sel

Préparation
Peler et râper le céleri. Ajouter les noisettes, le jus du citron, la moutarde et l'huile. Mélanger soigneusement et saler (ajouter un peu d'eau si c'est trop sec).

ASTUCE PRATIQUE

Gardez les troncs pour un bouillon de légumes.
Si vous trouvez les fibres trop dures pour être mangées crues, attendrissez quelques minutes les choux à la vapeur avant de les assaisonner.

NOTE SANTÉ

De grande valeur alimentaire, les choux contiennent notamment de la vitamine C et toute la gamme des minéraux, dont le calcium. De plus, ils contiennent une substance protectrice contre le cancer qui ralentit le vieillissement. Les choux en fleur (chou-fleur, brocoli, romanesco) sont plus digestes que les autres variétés.

Duo de choux en fleur

Pour 4 à 6 personnes

Ingrédients
- ½ chou-fleur moyen
- ½ brocoli moyen
- 1 yaourt de soja
- Le jus d'1 citron
- ½ c. à dessert de cumin en poudre
- Sel
- Graines de sésame grillées

Préparation
Couper les troncs des choux et rincer les têtes. Séparer les fleurettes et les émincer très finement. Ajouter tous les autres ingrédients.

Variation : *choisissez une mayonnaise à l'amande à la place de la sauce yaourt.*

Carpaccio de tomates tricolores, basilic et parmesan d'amandes

Ingrédients
- 1 tomate de couleur verte (green zebra ou ever green)
- 1 grosse cœur de bœuf rouge
- 1 grosse cœur de bœuf jaune ou autre tomate jaune
- 2 c. à soupe d'amandes effilées
- Quelques feuilles de basilic ciselées
- Huile d'olive
- Sel non raffiné

Préparation
Peler à vif les tomates (ces variétés se pèlent crues facilement). Les couper en tranches fines et les disposer sur un plat en alternant les couleurs. Répartir les amandes et les feuilles de basilic sur l'ensemble. Saler un peu, arroser d'une spirale d'huile d'olive et déguster.

C'est le moment d'introduire ces délicieuses et originales tomates de variété ancienne que l'on retrouve chez les primeurs et sur nos marchés !

Leurs saveurs incroyablement douces et leurs couleurs ouvrent de nouvelles perspectives de ce que peut être le goût d'une tomate ! La tomate verte est étonnamment une des plus douces.

ASTUCE PRATIQUE
Bel effet de couleur rose en mélangeant. Si vous n'aimez pas le chou cru, passez-le 1 ou 2 minutes à la vapeur pour attendrir les fibres sans enlever son croquant. Le cumin noir égyptien, d'un goût de cumin et de sésame, relève agréablement cette salade en apportant une petite touche originale.

NOTE SANTÉ
Les choux contiennent une substance protectrice contre le cancer, ils renforcent l'organisme, ils reminéralisent. Le chou cru est très riche en vitamine C.

Salade aurore au cumin noir d'Égypte

Pour 4 à 6 personnes

Ingrédients
- ½ chou blanc coupé très fin (400 g environ)
- 1 petite betterave crue râpée
- 1 c. à soupe de graines de cumin noir (nigelle)
- Une sauce salade au choix

Préparation
Déposer le chou dans un saladier. Mélanger avec la moitié de la sauce choisie. Au moment de servir, déposer au centre du saladier la betterave râpée. Parsemer des graines.

Variation : *ajouter du sésame ou du gomasio grillé*

LES FRUITS ET LES LÉGUMES

ASTUCE PRATIQUE
Servir avec une céréale au choix pour un repas complet.

Salade d'été au tofu fumé

Pour 4 personnes

Ingrédients
- 4 tomates moyennes
- 1 concombre
- 1 avocat
- ½ bouquet de ciboulette
- 250 g de tofu fumé
- 4 c. à soupe d'huile d'olive
- 2 c. à soupe de vinaigre de cidre ou de riz
- Sel

Préparation
Couper les tomates en dés ainsi que le tofu. Enlever une bande de peau sur deux au concombre puis le couper en dés. Peler l'avocat et le couper en dés. Ciseler la ciboulette. Mélanger l'ensemble dans un saladier. Assaisonner avec le vinaigre, l'huile et le sel.

ASTUCE PRATIQUE
Une façon délicieuse et originale de servir des carottes râpées.

NOTE SANTÉ
Les oranges non bio ont la peau enduite d'une sorte de cire et bourrée de produits chimiques. Ne pas utiliser en cuisine.

Salade de carottes orange sésame gingembre

Pour 4 personnes

Ingrédients
- 4 carottes
- 1 orange naturelle ou bio
- 2 c. à soupe de graines de sésame
- 1 c. à soupe de gingembre frais râpé ou ½ c. à dessert de gingembre en poudre
- 2 c. à soupe d'huile d'olive ou de sésame
- Sel

Préparation
Dorer les graines de sésame quelques minutes dans une poêle à fond épais. Râper les carottes de préférence avec une râpe à gros trous. Râper le zeste et presser le jus de l'orange. Mélanger tous les ingrédients et saler.

LES FRUITS ET LES LÉGUMES

ASTUCE PRATIQUE
Très simple et délicieux.

NOTE SANTÉ
Source de protéines, les champignons sont riches en vitamines et minéraux.

Salade de champignons à la ciboulette

Pour 4 personnes

Ingrédients
- 250 g de champignons de Paris très frais
- Le jus d'1 citron
- 2 yaourts de soja nature (ou autres yaourts au choix)
- ½ bouquet de ciboulette
- Sel
- Poivre (facultatif)

Préparation
Émincer finement les champignons. Ciseler la ciboulette. Mélanger les yaourts et le jus de citron. Ajouter le tout aux champignons, délicatement. Saler et poivrer.

NOTE SANTÉ

La mâche contient des vitamines (A, B, C) ; très riche en fer, elle renferme aussi des minéraux et des fibres douces. Laxative et dépurative, elle a la particularité de calmer la toux (pectorale).

Salade de mâche hivernale

Pour 4 personnes

Ingrédients
- 200 g de mâche
- 10 noix écalées
- 50 g de betterave crue
- 1 sauce salade essentielle (voir p. 241)

Préparation
Rincer la mâche et couper les extrémités terreuses. Concasser les noix grossièrement. Dresser la mâche dans un saladier. Faire des « lanières » de betterave à l'aide d'un économe et les répartir sur la salade. Parsemer de noix et servir avec la sauce choisie.

ASTUCE PRATIQUE
Si vous n'avez pas d'huile de noix, choisissez une autre sorte d'huile et ajoutez des cerneaux de noix.

NOTE SANTÉ
La noix est riche en huile de type oméga-3.

Salade d'endives « adieu l'été »

Pour 4 à 6 personnes

Ingrédients
- 4 endives
- 1 poivron rouge
- 3 c. à soupe d'huile de noix
- Le jus d'½ citron
- Sel

Préparation
Découper les endives en tranches et le poivron en dés. Ajouter le jus de citron et l'huile. Saler.

Salade frisée aux lardons de tofu fumé

Pour 4 à 6 personnes

Ingrédients
- 1 belle salade frisée
- 250 g de tofu fumé
- 1 gousse d'ail pressée (facultatif)
- Le jus d'1 citron
- 4 c. à soupe d'huile au choix
- 2 c. à soupe de sauce soja

Préparation
Rincer et égoutter la salade. Couper les feuilles en petits morceaux.
Trancher le tofu fumé en forme de petits lardons et les faire revenir dans un peu d'huile quelques minutes. Mélanger l'ail (facultatif), la sauce soja, l'huile et le jus de citron.

Servir avec la salade parsemée de lardons.

ASTUCE PRATIQUE
Simple, original et délicieux !

Soupe glacée concombre et menthe

Pour 4 personnes

Ingrédients
- 2 concombres moyens
- 1 tasse ½ de *lait* de coco (ou autre crème au choix)
- 20 feuilles de menthe (ou plus)
- Sel
- Baies roses

Préparation
Enlever une bande de peau sur deux aux concombres et les couper en morceaux. Effeuiller et ciseler la menthe.
Mixer les concombres avec le *lait* de coco. Ajouter la menthe. Saler.
Décorer avec des baies dans chaque bol.

Garder au frais avant de servir.

ASTUCE PRATIQUE
Ajouter un peu de curry ou autres épices pour « exotiser » ce plat.

Râpée de racines à la crème

Ingrédients
- 1 ou plusieurs légumes mélangés (environ 200 g par personne)
- Carotte
- Oignon
- Céleri
- Navet
- Panais (légume racine ancien très parfumé)
- Crème de coco ou autre crème au choix (environ 2 c. à soupe par personne)

Préparation
Râper le(s) légume(s) à l'aide d'une râpe à gros trous. Le(s) verser dans une sauteuse ou un wok avec un peu d'eau et la crème. Saler.
Cuire à couvert sur feu doux environ 15 min ; veiller à ce qu'il(s) n'attache(nt) pas au fond, sinon ajouter un peu d'eau.

Vérifier l'assaisonnement et servir.

ASTUCE PRATIQUE
Vous pouvez ajouter quelques épices en début de cuisson : ail, coriandre, cannelle, gingembre, garam masala, muscade… amusez-vous !

Carottes confites aux petits oignons

Pour 4 personnes

Ingrédients
- 1 gros oignon émincé gros
- 400 g de carottes coupées en bâtonnets
- 2 c. à soupe de beurre (ou huile) de coco
- 2 c. à soupe de sirop de riz
- Sel
- Persil ciselé (facultatif)

Préparation
Dans une cocotte, verser une tasse d'eau, le sirop, le beurre et 4 pincées de sel. Déposer les carottes et l'oignon et bien mélanger le tout. Cuire à couvert à feu doux environ 30 min jusqu'à ce que les légumes soient tendres.
Découvrir et laisser le liquide s'évaporer complètement en mélangeant régulièrement, surtout à la fin pour éviter que cela attache. Ajouter éventuellement le persil, vérifier l'assaisonnement et servir.

Variation : remplacer le sirop de riz par le jus d'une orange.

ASTUCE PRATIQUE
Délicieux et rapide. Servir avec une céréale au choix.

Fondant d'aubergines à la provençale

Pour 4 personnes

Ingrédients
- 1 oignon émincé fin
- 2 tomates blanchies et pelées
- 2 aubergines de taille moyenne
- 2 c. à soupe d'huile d'olive
- ½ c. à dessert de sel
- 6 c. à soupe d'eau
- 1 gousse d'ail hachée
- Basilic frais

Préparation
Enlever une bande de peau sur deux aux aubergines, puis les couper en tranches fines (environ ½ cm). Couper les tomates en rondelles.
Dans une sauteuse avec couvercle, chauffer l'eau, le sel et l'huile. Dès que cela frémit, déposer l'oignon, les tomates, les aubergines et l'ail. Couvrir. Laisser cuire 5 à 7 min à feu moyen, puis ôter le couvercle. Retourner les aubergines. Remettre le couvercle et laisser cuire 5 à 7 min. Ôter le couvercle et laisser évaporer le reste du jus de cuisson.
Éteindre le feu, arroser d'un filet d'huile d'olive et parsemer de basilic haché. Servir.

ASTUCE PRATIQUE
le sucre contenu dans la betterave rend ce plat très doux.

NOTE SANTÉ
la betterave est très riche en éléments antioxydants : minéraux (calcium, magnésium, fer, sélénium, zinc...) et vitamines (provitamine A, B, C et E) ; digeste et tonifiante, elle convient bien aux anémiques.

Fondant de betteraves confites

Pour 4 personnes

Ingrédients
- 2 grosses betteraves crues en tranches très fines
- 2 oignons moyens coupés fin
- Persil haché
- Sel
- 2 c. à soupe d'huile d'olive
- 6 c. à soupe d'eau

Préparation
Dans une petite cocotte, verser l'huile, déposer les oignons, puis ajouter les betteraves, l'eau et le sel. Couvrir et faire cuire tout doucement à l'étouffée 30 à 45 min. En fin de cuisson, ajouter le persil. Accompagner de pommes de terre, de céréales, de tranches de tofu...

ASTUCE PRATIQUE

Il est plus rapide d'utiliser des épinards surgelés et déjà hachés. Il est possible d'utiliser des crêpes de petit format ; dans ce cas, prévoir 2 portions par personne. Vous pouvez trouver ces crêpes fraîches dans certains magasins bio, ce qui permet d'éviter la réhydratation ; sinon, dans les magasins asiatiques vous aurez un large choix de tailles.

Friands aux épinards en feuille de riz

Pour 4 personnes

Ingrédients
- 4 grandes crêpes (ou feuilles) de riz
- 400 g d'épinards frais
- 1 gousse d'ail
- 2 c. à soupe de sauce soja ou du sel
- 1 sauce béchamel aux champignons (voir p. 247) facultatif

Préparation

Équeuter et rincer les épinards. Dans une sauteuse munie d'un couvercle (ou un wok), chauffer la sauce soja et l'ail avec ½ verre d'eau. Lorsque cela frémit, verser les épinards et couvrir. Cuire environ 3 min (juste assez pour attendrir les épinards). Égoutter et laisser refroidir.

Hacher grossièrement à l'aide d'un grand couteau. Ramollir les crêpes dans de l'eau et les disposer sur des torchons propres pour absorber l'excédent d'humidité (attention qu'elles ne se collent pas entre elles).

Répartir les épinards en 4 portions. Disposer une portion sur le bord d'une crêpe, rabattre les côtés et rouler. Renouveler l'opération pour obtenir 4 friands. Chauffer une poêle huilée et faire dorer les friands de chaque côté.

Servir immédiatement, accompagné de sauce aux champignons, si désiré.

ASTUCE PRATIQUE
Simplement délicieux !

NOTE SANTÉ
Les choux possèdent de nombreuses vertus.
Cette méthode de cuisson ainsi que le cumin permettent de mieux les digérer.

Potée de mes p'tits choux-choux

Pour 4 personnes

Ingrédients
- 1 kg d'un assortiment de choux au choix (frisé, rouge, brocoli, fleur, de Bruxelles...)
- Sauce soja (2 ou 3 c. à soupe) ou bouillon concentré
- 2 c. à dessert de cumin en poudre
- 2 c. à soupe d'huile d'olive

Préparation
Rincer et couper les choux en tranches fines, ou les séparer en fleurettes suivant les variétés choisies. Mélanger 1 tasse d'eau avec un peu de sauce soja ou un peu de bouillon concentré et le cumin. Disposer les choux dans une cocotte ou un faitout ayant un couvercle bien adapté et répartir le mélange liquide. Couvrir et laisser cuire à feu très doux 30 min environ (vérifier le niveau d'eau). Verser alors l'huile et mélanger (ajouter éventuellement un peu d'eau si besoin) et laisser cuire encore 10 min (ou plus). Les choux doivent être bien fondants.

ASTUCE PRATIQUE

Garder le pied du brocoli, pelé et coupé en morceaux à utiliser dans une soupe. Le brocoli va prendre une couleur vert intense ! Le déguster avec une mayonnaise à l'amande ou au sésame (voir « Idées recettes avec de la purée d'oléagineux ». p. 63)

Sauté de brocolis express

Pour 4 personnes

Ingrédients
- 1 gros brocoli
- 1 gousse d'ail pressée (facultatif)
- 2 c. à soupe de sauce soja

Préparation
Couper le pied du brocoli et rincer le reste. Séparer la tête en petites fleurettes.
Dans un wok ou une sauteuse, chauffer ½ tasse d'eau mélangée avec la sauce soja et l'ail (facultatif). Lorsque cela frémit, ajouter le brocoli, couvrir et cuire maximum 5 min à feu vif.
Couper le feu et servir encore légèrement croquant.

ASTUCE PRATIQUE
Comme pour toutes les recettes de tagine, on peut utiliser une cocotte en fonte ou en verre munie d'un bon couvercle. Pourquoi ne pas investir dans un tagine ? C'est si beau, et les aliments ainsi cuits sont un délice !

NOTE SANTÉ
La cuisson à l'étouffée est la plus saine.

Tagine couleur d'été

Pour 4 personnes

Ingrédients
- 4 courgettes moyennes
- 2 tomates moyennes
- 250 g de haricots verts (frais ou surgelés)
- 2 gousses d'ail hachées
- 1 tige de basilic (ou du thym, du romarin…)
- 3 c. à soupe d'huile d'olive
- Sel ou tamari

Préparation
Rincer les légumes ; équeuter les haricots s'ils sont frais. Déposer les tomates coupées en deux au fond du tagine (ou de la cocotte), côté bombé vers le fond. Couper les courgettes en quatre dans la longueur, les répartir sur les tomates puis verser les haricots par-dessus. Ajouter l'ail et le basilic. Mélanger $\frac{1}{3}$ de tasse d'eau avec un peu de sel (ou de sauce soja) et 2 c. à soupe d'huile d'olive. Répartir ce mélange sur les légumes. Poser le couvercle et cuire à four moyen ou sur un diffuseur directement sur le gaz (ou sur une plaque de cuisson électrique) environ 30 min. Vérifier la cuisson ; les légumes doivent être tendres.

ASTUCE PRATIQUE

Une cocotte peut remplacer le tagine. Choisir les légumes de préférence bio et très frais, cela évite de les peler. Varier les légumes suivant la saison, et couper ceux qui sont les plus durs et longs à cuire plus finement que les autres – plus les légumes sont coupés fin, plus ils cuisent rapidement.

NOTE SANTÉ

La coriandre a la propriété d'aider à évacuer des métaux lourds stockés dans le cerveau.

Tagine de légumes à l'amande douce

Pour 4 personnes

Ingrédients

- 4 à 6 carottes
- 2 navets
- 1 gros oignon
- 1 morceau de courge au choix ou 4 courgettes
- Quelques feuilles de chou frisé
- 1 c. à soupe de sirop de riz (facultatif)
- 5 c. à soupe de poudre d'amande (ou 3 c. à soupe de purée d'amande)
- Un filet d'huile d'olive
- Sel
- Feuilles de coriandre fraîche (facultatif)

Préparation

Laver et couper tous les légumes finement, sauf les courgettes, qui seront alors coupées en quatre dans la longueur. Déposer les courges au fond du tagine (ou de la cocotte) et verser le reste des légumes par-dessus. Mélanger dans ½ tasse d'eau quelques pincées de sel, le sirop (facultatif) et l'amande.

Arroser les légumes avec cette préparation, verser une spirale d'huile d'olive et couvrir. Cuire à four moyen environ 30 min. Vérifier la cuisson à ce stade et continuer un peu si besoin est, en vérifiant que cela n'attache pas au fond (sinon verser encore un peu d'eau).

Servir éventuellement parsemé de coriandre fraîche.

Nid de butternut au coco et au sirop d'érable

Pour 2 à 4 personnes

Ingrédients
- Une courge butternut de taille moyenne
- ½ tasse de *lait* de coco
- 2 petites feuilles de laurier
- ¼ de c. à dessert de curcuma en poudre
- ¼ de c. à dessert de paprika
- ¼ de c. à dessert de gingembre en poudre
- 2 c. à soupe de sirop d'érable
- Sel, poivre du moulin

Préparation
Ouvrir la courge dans le sens de la hauteur, vider les graines.

Remplir les deux creux avec les ingrédients et enduire aussi le reste de la butternut avec du sirop d'érable à l'aide d'un pinceau.

Cuire au four (160°) pendant environ 45mn (la courge doit être tendre).

Déguster à la petite cuillère.

ASTUCE PRATIQUE

Cette délicieuse méthode de cuisson fonctionne aussi très bien avec les légumes tout simplement légèrement enduits d'huile (faire fondre un peu le beurre de coco si choisi) ou d'un mélange d'huile de sirop de riz ou de jus d'orange (l'effet sera moins laqué et il faudra un peu saler). Essayer suivant vos goûts et ingrédients disponibles. Mes légumes préférés cuits de cette façon sont : la patate douce (pelée), le potimarron et butternut, le navet orange « boule d'or » (pas besoin de peler), le céleri rave, la betterave (peler) certains cuisent plus vite que d'autres, vérifier en piquant la pointe d'un couteau.

Légumes rôtis laqués

pour 2 à 4 personnes

Ingrédients

- 400 à 500 g de légumes seuls ou en mélange
- 1 c. à soupe de miso
- 2 c. à soupe de jus d'orange ou de sirop de riz ou d'érable
- 2 c. à soupe d'huile de cuisson (olive ou coco)

Préparation

Mélanger les ingrédients de la « marinade ».
Peler (éventuellement) et détailler les légumes en tranches, en morceaux ou en bâtonnets, pas trop épais (1 cm).
Les enduire du mélange et les poser sur une plaque de cuisson.
Préchauffer le four bien chaud (180°).
Enfourner environ 40 minutes (les légumes doivent être tendres).
Déguster.

NOTE SANTÉ
Le potiron est le soleil de notre hiver. Riche en caroténoïdes (puissant antioxydant) comme tous les légumes et fruits orange, il contribue aussi à la beauté et à la santé de la peau.

Soupe Halloween

Pour 4 personnes

Ingrédients
- 800 g de potiron ou autre courge
- 400 g de pommes de terre
- 1 oignon moyen
- 1 c. à soupe d'huile de cuisson
- 1 feuille de laurier
- Quelques pincées de muscade râpée
- Sel ou sauce soja

Préparation
Peler tous les légumes. Émincer l'oignon et couper le reste en gros morceaux.
Dans un faitout, faire revenir les oignons dans l'huile quelques instants. Verser les autres ingrédients et couvrir d'eau. Saler puis porter à ébullition. Baisser le feu et laisser mijoter environ 20 à 30 min.
Retirer la feuille de laurier et mixer le tout finement à l'aide d'un mixer plongeur.
Vérifier l'assaisonnement avant de déguster.

NOTE SANTÉ
Les légumes de saison sont les meilleures sources alimentaires d'antioxydants (éléments qui luttent contre le vieillissement prématuré des cellules).

Soupe paysanne aux 5 légumes

Pour 2 personnes

Ingrédients
- 1 poireau
- 1 navet
- 2 carottes
- 2 grosses pommes de terre
- 1 branche de céleri
- 1 feuille de laurier
- 1 gousse d'ail (facultatif)
- Sel ou sauce soja

Préparation
Peler les pommes de terre et l'ail (facultatif). Rincer tous les légumes. Couper le tout en morceaux. Verser tous les ingrédients dans un faitout et couvrir l'ensemble d'eau. Saler. Porter à ébullition, puis baisser le feu et laisser mijoter à feu doux 20 à 30 min (les légumes doivent être tendres).
Enlever la feuille de laurier et réduire le tout en purée à l'aide d'un mixer plongeur. Vérifier l'assaisonnement et servir avec un filet d'huile au choix dans chaque bol.

ASTUCE PRATIQUE :
Délicieux, facile à faire et résultat très esthétique. Cette recette peut aussi faire office de sauce pour accompagner une céréale cuite par exemple ou de jolies verrines pour un buffet.
Un mini-mixer ou un moulin à café est utile pour moudre les pistaches.

Gaspacho de betterave & chantilly végétale salée à la pistache

Pour 2 à 3 personnes

Ingrédients

Le gaspacho :
- 200 g de betterave rouge cuite
- le jus d'un citron
- 1 petite gousse d'ail (facultatif)
- Sel (aux herbes de préférence)
- Poivre

La chantilly :
- ¼ de tasse (60 ml) de crème de soja nature (en briquette)
- ¼ de tasse (60 ml) d'huile de tournesol, pression à froid, « goût neutre » (désodorisée par simple filtrage) bio.
- 2 c. à soupe de pistaches nature en poudre
- 1 c. à café (20 gouttes) de jus de citron frais
- Quelques pincées de sel

Préparation

Préparer la chantilly une heure à l'avance minimum. Bien mixer la crème de soja pendant 2 ou 3 minutes de façon à obtenir une crème pleine de bulles. Ajouter la poudre de pistache, le sel et l'huile. Ajouter le jus de citron d'un seul coup, mélanger l'ensemble rapidement (2 secondes) et arrêter le mixer aussitôt. Laisser prendre au froid minimum 1 heure.
Mixer la betterave avec l'ail et le citron. Allonger avec un peu d'eau pour obtenir une consistance semi-liquide. Assaisonner de sel et de poivre à votre convenance.
Servir surmonté de la chantilly.

ASTUCE PRATIQUE
Avec des châtaignes en bocal pelées et cuites, cette recette est très rapide, simple et efficace !

NOTE SANTÉ
Nourrissante et légère en même temps.

Pour 2 à 4 personnes

Soupe rapide potiron châtaigne

Ingrédients
- 500 g de courge ou potiron
- 1 bocal de châtaignes
- 1 petit poireau ou une échalote
- 1 feuille de laurier

Préparation
Détailler le poireau ou l'échalote en morceaux et faire revenir à feu très doux dans un faitout avec un peu d'huile d'olive. Peler les courges, enlever les pépins et couper des morceaux moyens.

Verser dans le faitout avec les châtaignes et le laurier, couvrir d'eau et saler. Laisser cuire environ 20 min ; la courge doit être tendre. Passer l'ensemble au mixer plongeur. Vérifier l'assaisonnement.

Suggestion : *parsemer de gomasio.*

NOTE SANTÉ
Le brocoli contient des acides aminés soufrés protecteurs de notre santé et du calcium.

Crème de brocoli aux champignons

Pour 4 à 6 personnes

Ingrédients
- 1 petite tête de brocoli
- 1 petite barquette de champignons frais (250 g)
- 2 ou 3 pommes de terre
- 2 ou 3 gousses d'ail
- Huile d'olive

Préparation
Dans une cocotte, faire revenir l'ail et les champignons lavés et émincés dans un peu d'huile. Peler et couper les pommes de terre en petits dés, les ajouter aux champignons. Couvrir d'eau, saler et porter à ébullition.
Séparer les fleurettes du brocoli, peler et couper le pied finement, puis ajouter au reste ; il doit y avoir juste assez d'eau pour couvrir le tout. Dès que les pommes de terre sont tendres, mixer l'ensemble au mixer plongeur et servir avec un filet d'huile d'olive.

ASTUCE PRATIQUE

La chair ferme et le savoureux goût de châtaigne du potimarron le placent au hit-parade des cucurbitacées. Dans cette recette, il est mis en valeur par les épices. En début d'automne, la peau est encore fine et il n'est pas nécessaire de la peler. Le mixer plongeur est le mieux adapté pour réduire les morceaux de potimarron en purée.

NOTE SANTÉ

Très riche en bêta-carotène.

Velouté de potimarron aux épices

Pour 4 à 6 personnes

Ingrédients

- 1 petit potimarron (800 g)
- 1 ou 2 oignons
- Environ 2 c. à café d'un mélange d'épices en poudre : cannelle, cardamome, gingembre râpé, girofle
- Crème de coco ou crème au choix

Préparation

Trancher le ou les oignons en cubes et les faire revenir avec les épices quelques minutes dans une cocotte avec un peu d'huile.

Couper le potimarron, retirer les graines, le trancher en petits morceaux et le verser dans la cocotte. Recouvrir d'eau et saler. Laisser cuire jusqu'à attendrissement puis mixer finement. Ajouter la crème au choix et servir.

LES FRUITS ET LES LÉGUMES

Les huiles et graisses (lipides)

Il est essentiel de consommer quotidiennement des huiles (lipides) d'excellente qualité.
Elles jouent un rôle fondamental dans l'équilibre alimentaire, et notamment pour :

– le système cardiovasculaire et les artères,
– la prévention du vieillissement cellulaire,
– le système nerveux,
– la qualité de la peau,
– se protéger du froid,
– le système hormonal,
– véhiculer des vitamines.

Il est vital de veiller à la qualité des huiles que l'on utilise, c'est-à-dire : de première pression à froid, extravierges, non raffinées, non désodorisées, non manipulées. En outre, il ne faudrait opter que pour des produits naturels ou bio, car les pesticides, les herbicides, les antibiotiques, etc., sont surtout stockés dans les graisses... Les huiles raffinées industrielles que l'on trouve dans les supermarchés sont tellement dénaturées qu'elles sont impropres à la consommation humaine. En effet, comme l'objectif est de les rendre moins chères et inodores avec une grande durée de conservation, au final il ne reste qu'un produit sans valeur.

Les AGE ou acides gras essentiels

Certaines huiles sont si importantes qu'on les nomme « acides gras essentiels » (AGE). Ils font partie du groupe des acides gras polyinsaturés (AGPI). Dans cette famille, on trouve les acides gras du type oméga-3 (acide alpha linolénique) et oméga-6 (acide linoléique). Ils sont indispensables au bon fonctionnement du corps humain, qui ne sait pas les fabriquer. Ce sont notamment des composants majeurs des membranes cellulaires et du cerveau. Il est prouvé que les AGPI jouent un rôle dans la prévention des maladies cardiovasculaires, la prévention des cancers, l'équilibre du cholestérol, la qualité du système immunitaire, le ralentissement du vieillissement... Ils doivent donc absolument être apportés par l'alimentation. Des carences en AGE entraînent, entre autres nombreux problèmes de santé : perte de mémoire, migraine, dépression, autisme, problèmes de peau, de cœur, chute des cheveux, vieillissement prématuré, inflammations...

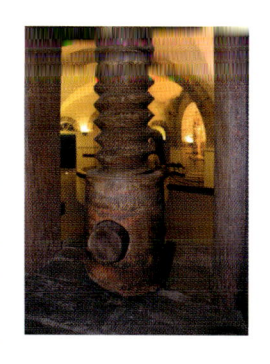

Les oméga-3

Selon certaines recherches, le déséquilibre entre l'apport en oméga-6 (présents dans la majorité des huiles végétales de qualité) et l'apport en oméga-3 (présents seulement dans quelques huiles et poissons à l'état cru) serait une des raisons de la flambée des cancers et maladies cardiovasculaires de notre époque. Un apport quotidien plus important en huiles riches en oméga-3 (noix, colza, soja, chanvre...) tout en limitant celles qui contiennent uniquement des oméga-6 (tournesol, sésame...) permettrait de nous protéger de façon significative de ces deux maladies. Les oméga-3 sont de nature extrêmement instable et rancissent vite, ce qui les rend toxiques. Le mieux est d'utiliser des aliments entiers comme source de ces lipides. Par exemple, en automne ou en hiver, il est recommandé de déguster trois noix par jour ou/et ajouter une cuillérée à soupe de graines de lin fraîchement moulues (au moulin à café ou mini-hachoir) dans des céréales du matin, ou trempées dans un peu de *lait* de riz ou de jus (parfait aussi pour les intestins paresseux). Cette méthode agréable, simple et efficace pour obtenir des oméga-3 au quotidien a aussi l'avantage d'être économique !

L'huile désodorisée et raffinée doit être évitée, car ses substances vitales sont perdues.

Le manque d'apport en oméga-3 représente la plus grande carence nutritionnelle de nos pays occidentaux.

Les huiles riches en oméga-3

LES HUILES DE COLZA ET DE SOJA extra vierges, non raffinées, bio sont riches en AGE (3 et 6), notamment le soja. Fragiles, il est indispensable de les garder au frigo et de les consommer rapidement. Leur goût étant peu agréable, il convient de les mélanger à d'autres huiles (olive, sésame...).

L'HUILE DE NOIX est difficile à trouver, issue de noix non chauffées préalablement. Ses qualités nutritionnelles et gustatives sont excellentes. C'est une des huiles végétales les plus riches en oméga-3. C'est un réel délice, qui apporte une saveur incomparable à vos salades. À conserver au frais et à consommer rapidement.

Avez-vous remarqué que les noix ressemblent à notre cerveau ?

L'HUILE DE CHANVRE ses qualités nutritionnelles sont comparables et même supérieures à celles de la noix. Moins fragile que les autres huiles, grâce à sa teneur en oméga-9, l'huile de chanvre est bien équilibrée en oméga-3 et 6. Riche aussi en vitamine E, elle a de plus un goût agréable. Parfaite pour la peau (idéale en massage), elle refait son apparition sur les étals des magasins diététiques.

Ne jamais faire cuire ces huiles et les conserver au frais à l'abri de la lumière, car elles rancissent très vite et deviennent alors toxiques.

Qu'est-ce que les graisses « trans » ?

Elles sont créées lorsque les huiles polyinsaturées (tournesol, colza, soja...) sont chauffées, hydrogénées et durcies (margarines) ; très nocives pour la santé, elles sont présentes partout dans l'alimentation moderne (biscuits, chips, viennoiseries, margarines...). Elles sont suspectées de diminuer l'immunité, d'aggraver le risque d'allergies, de favoriser le développement de certains cancers, d'augmenter le taux de cholestérol, d'empêcher la formation des muscles ainsi que d'être la source de bien d'autres affections.

Les graisses saturées

Les graisses saturées sont celles qui sont solides à température ambiante. Souvent cachées dans les produits laitiers et la viande, elles se trouvent dans le règne animal (beurre, saindoux) et végétal (coco et palme). De digestion plus difficile lorsqu'elles sont cuites (l'enzyme lipase chargée de la digestion des graisses, présente à l'état cru, disparaît à la cuisson), elles ont tendance à épaissir le sang et encrasser les artères si elles sont consommées en excès. (Voyez, quand vous avez fait cuire de la viande, comme la graisse refroidie, figée au fond du plat de cuisson est difficile à nettoyer, car elle « colle » à l'éponge ; c'est la même chose dans votre organisme : difficile à éliminer, cela « colle » à vos artères, allant jusqu'à les boucher). Pourtant, les graisses saturées sont importantes et ne sont pas à rejeter en bloc ; elles doivent figurer aussi dans notre ration en lipides pour maintenir un bon équilibre et assurer la santé des membranes cellulaires, ainsi que l'absorption du calcium et du magnésium. Elles contribuent au sentiment de satiété lors des repas et protègent du froid en hiver. De plus, elles sont stables à la cuisson (hormis le beurre) et peuvent être utilisées en cuisine. Comme toujours, c'est le déséquilibre et les excès qui posent problème, ainsi que la qualité des produits utilisés.

Le cholestérol

Élément indispensable à la vie, il ne doit être ni en défaut ni en excès. L'organisme en fabrique une partie. Dans l'alimentation, on le trouve essentiellement dans les graisses animales (œufs, viandes, laitages). Lorsque l'on a un excès de cholestérol dans le sang, cela peut entraîner des maladies cardiovasculaires et augmenter le risque d'infarctus. Il convient dans ce cas de réduire la consommation de produits animaux.

LE BEURRE En hiver, si on supporte bien les laitages, la saveur du beurre frais est délicieusement inimitable. De nouveau, la question est de savoir bien choisir la qualité de votre beurre ! N'oubliez pas que c'est dans la graisse que viennent se loger tous les résidus toxiques que l'animal a absorbés (pesticides, antibiotiques...). Le mieux est de connaître un producteur local qui élève bien ses vaches et qui produit du **beurre au lait cru fermier**. C'est la qualité du lait et la fabrication qui déterminent la qualité du beurre. Un bon beurre vient d'une crème qui a maturé avec des ferments naturels et a été longuement barattée.

Le fameux « beurre de baratte » Le mieux est de le consommer cru (en tartines) ou juste fondu sur vos aliments chauds.

Le beurre clarifié ou « ghee » C'est une bonne façon, populaire en Inde, d'utiliser le beurre, qui est débarrassé par une cuisson lente de sa caséine et autres résidus. Il ne reste ainsi que la graisse « purifiée », qui peut se conserver longtemps à température ambiante et donne un goût incomparable aux aliments.

Attention aux margarines ! Lire les étiquettes, y compris celles des margarines « sans cholestérol », car toutes contiennent souvent des huiles hydrogénées et des dérivés du lait. L'hydrogénation et la cuisson transforment les molécules des huiles (qui alors deviennent « trans ») ; ainsi, même les oméga-3 vantés sur les emballages de certaines margarines deviennent toxiques. On peut maintenant trouver des margarines non hydrogénées dans les magasins bio, pratiques en patisserie.

Le beurre (ou huile) de coco et huile concrète de palme Ce sont des graisses végétales saturées, dont l'avantage est qu'elles supportent bien la chaleur. Jusqu'à 180 °C, elles ne dégagent pas de graisses « trans ». Elles sont donc conseillées pour la friture et peuvent remplacer le beurre ou la margarine dans les recettes. Longtemps dénigrée, la graisse de coco fait son « retour » dans la liste des lipides sains. **À condition d'être extravierge et extraite à froid.** D'après les dernières recherches, l'huile de coco vierge serait extrasaine. Avec une chaîne moyenne d'acide gras, elle aiderait même à faire baisser le taux de « mauvais cholestérol » et contiendrait, entre autres, des substances antimicrobiennes, antiparasitaires et antifongiques. De plus, elle sent délicieusement bon et s'utilise aussi sur la peau...
Veillez à vous procurer de la palme produite dans le respect de l'environnement par de petits producteurs et non raffinée (souvent de couleur rouge) car elle est généralement fabriquée au détriment des forêts primaires, ce qui crée un désastre écologique.

L'huile d'olive L'huile d'olive est une huile de base. Elle ne contient pas d'AGE, mais un acide gras mono-insaturé (oméga-9). Délicieuse crue (compléter avec d'autres huiles riches en AGE) ou cuite (elle supporte bien la cuisson), peu fragile, elle a des propriétés particulières : elle favoriserait la digestion, le bon cholestérol et aiderait à prévenir les calculs de la vésicule. Crue comme cuite, elle est conseillée en cuisine.

L'HUILE DE TOURNESOL De variété dite « oléique » ou « spéciale cuisson » supporte la chaleur jusqu'à 100°. Elle est bien utile en pâtisserie (pour remplacer beurre, palme et margarine).

L'HUILE DE TOURNESOL DE PREMIÈRE PRESSION À FROID. Non désodorisée. À utiliser en mélange avec de l'huile d'olive ou de sésame, surtout si l'on n'aime pas son goût au naturel. C'est une huile de consommation courante riche en oméga-6 (sans oméga-3) et qui contient beaucoup de vitamine E, très précieuse pour la santé (c'est un antioxydant majeur) notamment de la peau (conseillée en massage). Évidemment, dès qu'elle est raffinée ou chauffée, cette huile précieuse (et de plus économique) perd ses qualités.

L'HUILE DE SÉSAME Rendue célèbre par Ali Baba et son « Sésame, ouvre-toi ». Cette graine oléagineuse stimulerait la mémoire et l'activité intellectuelle. Elle a aussi des effets bénéfiques sur le système nerveux. On en extrait une huile délicieuse, surtout riche en oméga-6 (peut être légèrement chauffée).

L'HUILE DE PÉPIN DE COURGE Possède des vertus presque médicinales, est reminéralisante, vermifuge, très riche en zinc. Elle est amie de la prostate. À mélanger à d'autres huiles pour diluer son goût intense.

SAVEZ-VOUS QUE :
L'apport en corps gras de qualité et en vitamine E peut provenir de l'avocat ou d'oléagineux entiers tels qu'amandes, noisettes, noix, cajou, graines de tournesol, etc. ?
Les laisser tremper quelques heures les rend plus digestes. On peut les broyer et les saupoudrer sur les aliments, en faire de délicieuses sauces, les tartiner en purées, etc. (voir « Idées recettes avec de la purée d'oléagineux » p. 63).

LES HUILES ET GRAISSES

Règles générales pour l'utilisation des huiles

CRUES UNIQUEMENT

Les plus riches en oméga-3 (conserver au frais, à l'abri de la lumière et à consommer rapidement) :
- colza, carthame, cameline... (elles sont meilleures en mélange avec une huile de base telle que olive ou sésame) ;
- noix (non chauffée avant pression), chanvre (elles sont délicieuses toutes seules).

POUR LA CUISSON
- olive (vierge de 1re pression) ;
- coco (extra vierge 1re pression à froid) ;
- tournesol (oléique « spécial cuisson »).

Ce sont les plus stables des huiles végétales.
L'huile (ou le beurre) de coco ne dégage aucune graisse « trans » même à la friture. De plus, elle donne une saveur incomparable aux aliments...
Son coût est élevé mais, en filtrant cette huile, il est possible d'en faire des fritures répétées et de la garder deux ans sans qu'elle ne s'altère !

Attention au point de fumée : dès qu'une huile fume, elle devient très malsaine !

DERNIERS CONSEILS
- Réduire au maximum les graisses et huiles cuites. Verser un filet d'huile crue sur vos aliments après cuisson si possible (sur les légumes vapeur par exemple), et choisir des huiles qui supportent bien la chaleur pour la cuisine.
- Utiliser régulièrement des noix et graines oléagineuses (entières, en poudre, ou en purée).
- Veiller à la qualité des corps gras (huiles de 1re pression à froid, bio de préférence).
- Varier leurs origines pour profiter d'un large panel de saveurs et de vertus nutritionnelles (choisir de petites bouteilles et garder au frais).
- Consommer chaque jour des huiles (ou des noix) contenant des acides gras essentiels oméga-3.
- Des mélanges déjà tout préparés sont vendus dans le commerce, mais je vous conseille de les faire vous-même au dernier moment.

Attention au point de fumée : dès qu'une huile fume, elle devient malsaine ! Ne rien chauffer au-delà de 180 °C.

ASTUCE PRATIQUE :
Le beurre de coco donne une saveur très subtile de coco. Si vous ne l'aimez pas, choisissez l'huile de palme (goût neutre). Vérifiez dans ce cas que celle-ci est d'une provenance d'exploitation durable pour ne pas participer à la déforestation massive que sa culture intensive induit. En ajoutant quelques fines herbes hachées au mélange ½ sel avant qu'il ne fige vous obtiendrez un délicieux beurre parfumé.

Beurre végétal

Pour une portion d'1 personne

Ingrédients
½ sel :
- 3 c. à soupe de noix de cajou en poudre
- 1 c. à soupe de beurre de coco fondu
- 1 pincée de sel
- 1 pincée de curcuma (pour la couleur jaune)

Doux :
- 3 c. à soupe de noix de cajou en poudre
- 1 c. à soupe de beurre de coco fondu
- 1 pincée de vanille en poudre

Préparation
Mélanger les ingrédients. Verser dans un petit ramequin individuel et laisser figer au frais.

Déguster comme du beurre.

ASTUCE PRATIQUE

En la gardant crue et la laissant se figer au frais environ une heure, cette sauce magique peut aussi faire office de chantilly salée ou d'une délicieuse mayonnaise aérienne (voir aussi recette « gaspacho de betterave & chantilly salée de pistache » p. 224, « Chantimayo puissance verte » p. 239).
Il est possible d'utiliser de l'huile d'olive moitié-moitié avec l'huile de tournesol pour une saveur plus méditerranéenne ou un « aïoli ».

Crème magique au faux-mage

Pour 1 tasse ou 1/2 litre de crème

Ingrédients
- ½ tasse (125 ml) de crème de soja nature (en briquette)
- ½ tasse (125 ml) d'huile de tournesol, pression à froid, « goût neutre » spéciale cuisson
- 1 petite gousse d'ail pressée (facultatif)
- ½ c. à dessert de jus de citron frais
- quelques pincées de sel

Préparation
Dans le bol du mixer, verser la crème de soja, mixer 2 minutes, verser l'huile, l'ail et le sel. Mixer quelques secondes puis ajouter le jus de citron et mixer 2 secondes seulement. Le mélange va figer en crème épaisse qu'il suffira d'étaler à la spatule sur le gratin, pizza, lasagnes... Passer au four sous le grill quelques minutes pour faire dorer cette délicieuse « gratinade ».

RECETTES GOURMANDES

ASTUCE PRATIQUE
Le goût de la spiruline disparaît, une bonne idée pour introduire ses multiples bienfaits ni vu ni connu...

Chantimayo puissance verte

Pour 2 à 4 personnes

Ingrédients
- ½ tasse (125 ml) de crème de soja nature (en briquette)
- ½ tasse (125 ml) d'huile de 1ère pression à froid au choix (chanvre recommandé)
- 1 ou 2 grosses poignées de basilic ou de persil et/ou coriandre et/ou menthe...
- 1 c. à dessert de spiruline en poudre (facultatif)
- 1 petite gousse d'ail pressée (facultatif)
- 1 c. à soupe de jus de citron frais
- ½ c. à dessert de sel

Préparation
Dans le bol du mixer, verser la crème de soja, l'huile, l'ail, les herbes et le sel. Bien mixer 1 minute environ puis ajouter le jus de citron. Mixer 2 secondes seulement et arrêter de mixer. Le mélange aura alors figé en une mayonnaise mousseuse à utiliser directement comme telle ou faire figer et épaissir au frais pendant 1 heure. S'en servir alors en délicieuse chantilly parfumée, verte et salée.

Sauce exotique

Pour 2 personnes

Ingrédients
- 4 c. à soupe d'huile de sésame
- 1 citron pressé
- 1 c. à soupe de sirop d'agave
- 2 c. à soupe de sauce soja
- 1 c. à dessert de gingembre frais râpé fin
- ½ c. à dessert de paprika en poudre

Préparation
Mélanger tous les ingrédients.

ASTUCE PRATIQUE
Du gingembre séché en poudre remplace le gingembre frais (la quantité devra être diminuée).

NOTE SANTÉ
Cette sauce aide à la digestion des graisses.

Sauce salade blanche et légère

Pour 4 personnes

Ingrédients
- ½ tasse de *lait* de soja nature
- 3 c. à soupe de sauce soja ou du sel (aux herbes)
- ¼ de tasse d'huile d'olive ou autre huile de première pression à froid au choix
- ½ citron pressé

Préparation
Mélanger tous les ingrédients, le citron en dernier. Se garde 2 ou 3 jours au frais.

ASTUCE PRATIQUE
Le citron fait figer le *lait* de soja et donne sa consistance crémeuse à cette sauce. Très économique, notamment pour faire de grandes quantités, lors de réceptions par exemple.

NOTE SANTÉ
Légère, très légère…

Sauce salade essentielle

Pour 2 personnes

Ingrédients
- 2 c. à soupe d'huile d'olive
- 2 c. à soupe d'huile de colza
- ½ citron pressé
- 1 c. à soupe de levure de bière diluée dans un peu d'eau (facultatif)
- Sel ou sauce soja

Préparation
Mélanger tous les ingrédients.

ASTUCE PRATIQUE
Pour obtenir des saveurs différentes tout en gardant les acides gras essentiels oméga-3 et 6, remplacer toutes les huiles de cette recette par de l'huile de noix ou de l'huile de chanvre. Conserver au frais.

NOTE SANTÉ
Riche en acides gras essentiels. Utiliser des huiles végétales de première pression à froid. La levure apporte des vitamines du groupe B et du zinc ; le citron aide à digérer les graisses.

Sauce rapide au gomasio

Ingrédients
- Gomasio (environ 1 c. à soupe par personne)
- Huile crue au choix
- Citron
- Eau

Préparation
Verser le gomasio dans un bol et recouvrir d'eau. Ajouter du jus de citron frais et un peu d'huile. Vérifier l'assaisonnement, ajouter un peu de sauce soja ou de sel si besoin. Déguster avec des crudités.

ASTUCE PRATIQUE
Simple et délicieux (voir p. 276 pour « la recette du gomasio »).

ASTUCE PRATIQUE
Mixage recommandé.
Le tofu soyeux est un tofu moins égoutté et donc encore tendre.

NOTE SANTÉ
Riche en protéines.
Sans cholestérol. Le soja, le citron et le curcuma (qui donne la couleur jaune) apportent leurs vertus anticancéreuses à cette mayonnaise.

Sojanaise

Pour 4 à 6 personnes

Ingrédients
- 200 g de tofu (soyeux si possible)
- 2 c. à soupe de jus de citron
- 1 c. à soupe de moutarde
- 6 c. à soupe d'huile de première pression à froid
- 1 c. à dessert rase de curcuma en poudre
- 4 c. à soupe d'eau (si le tofu est ferme seulement)
- Sel

Préparation
Mixer le tofu, la moutarde, le citron et le sel. Ajouter l'eau si besoin et le curcuma ; mixer encore. Ajouter l'huile petit à petit. Déguster comme une mayonnaise classique.

Variation : pour un aïoli, ajouter 2 à 4 gousses d'ail pressées.

Sauce « pirouette cacahouète »

Pour 2 à 4 personnes

Ingrédients
- 4 c. à soupe de purée de cacahouètes
- ½ citron pressé
- ¼ de verre d'eau
- Sel

Préparation
Mélanger tous les ingrédients, l'eau en dernier et au fur et à mesure pour obtenir la consistance désirée, épaisse et crémeuse, ou plus légère et fluide suivant l'emploi. Vérifier l'assaisonnement avant de servir.

ASTUCE PRATIQUE
Grand succès comme « dip » pour accompagner des légumes crus, notamment auprès des enfants, qui sans faire trop attention mangeront ainsi plus de légumes...

NOTE SANTÉ
L'arachide est une légumineuse particulièrement riche en protéines. À consommer en petites quantités à la fois. Source d'allergie pour certains.

Sauce « sésame ouvre-toi »

Pour 4 personnes

Ingrédients
- 4 c. à soupe de tahin ½ complète de préférence (purée de sésame)
- ½ citron pressé (env.)
- sel
- ½ verre d'eau tiède (environ et selon la consistance désirée)
- 1 c. à soupe d'huile d'olive

Préparation
Diluer le tahin avec l'eau petit à petit suivant la consistance désirée. Ajouter le citron, l'huile, le sel et l'ail.

ASTUCE PRATIQUE
Accompagne et relève tous les légumes crus ou cuits. Choisir la purée de sésame ½ complète. Génial avec des cœurs d'artichauts. Suivant la consistance, fait office de pâte à tartiner, dip, mayonnaise, ou sauce salade !

NOTE SANTÉ
Riche en minéraux, en vitamine E, en protéines, en acides gras essentiels, le sésame est l'aliment du système nerveux par excellence.

NOTE SANTÉ
Bonne recette pour utiliser les vertus anticancer du curcuma.

Sauce curcumine

Pour 2 à 4 personnes

Ingrédients
- 1 c. à dessert de curcuma
- 1 c. à dessert de moutarde
- 2 c. à soupe de sirop d'agave
- 2 c. à soupe de sauce soja
- 2 c. à soupe d'huile d'olive
- Un peu de jus de citron
- 3 c. à soupe d'eau
- 1 pincée de piment de Cayenne en poudre ou poivre

Préparation
Mélanger les ingrédients. Cette sauce peut être utilisée aussi bien pour assaisonner des salades, que pour accompagner une céréale nature, ou bien encore pour enrober des tranches de tofu ou de tempeh avant de les cuire à la poêle.

ASTUCE PRATIQUE
Remplace très bien la sauce tomate en hiver dans toutes les recettes. Le vinaigre apporte simplement la petite touche acidulée qui ajoute un effet « tomaté ».

NOTE SANTÉ
Cette sauce est parfaite pour ceux qui ne supportent pas la tomate, ou qui ne souhaitent pas en consommer hors saison.

Sauce tomate « tricheuse »

Pour 2 à 4 personnes

Ingrédients
- 4 carottes moyennes
- ½ petite betterave
- 1 oignon haché fin
- Herbes de Provence
- 1 gousse d'ail pressée
- ¼ de c. à dessert de vinaigre de cidre
- Sel

Préparation
Cuire les carottes et la betterave à la vapeur ou à l'étouffée (la cuisson sera plus rapide si elles sont râpées préalablement).
Faire fondre l'ail et l'oignon dans un peu d'huile d'olive avec les herbes (ou les cuire en même temps que le reste). Réduire le tout en purée. Saler. Ajouter éventuellement le vinaigre.

Coulis de tomates crues au basilic

Ingrédients
- 2 ou 3 belles tomates
- 1 gousse d'ail pressée
- Quelques tiges de basilic (ou basilic séché)
- 2 c. à soupe d'huile d'olive
- ½ c. à dessert de sel

Préparation
Entailler les tomates et les laisser 30 secondes dans de l'eau frémissante, pour enlever la peau facilement. Enlever les feuilles du basilic. Mixer ensemble tous les ingrédients et vérifier l'assaisonnement avant de servir.

Variation : remplacer le basilic par des herbes de Provence, du persil, de la coriandre...

ASTUCE PRATIQUE

Le *lait* peut être remplacé par du bouillon de légumes (eau + bouillon concentré).
La purée d'amande crue peut liquéfier la sauce ; l'ajouter au dernier moment. Remplacer une partie de la farine de riz par de la farine de sarrasin pour une saveur plus « rustique ».

Béchamel aux champignons

Pour 2 à 4 personnes

Ingrédients
- 1 gousse d'ail hachée
- 2 tasses (environ 200 g) de champignons hachés
- 1 c. à dessert d'huile de cuisson
- Du sel au goût
- 2 tasses de *lait* végétal (amande, soja…)
- 3 c. à soupe bombées de farine de riz
- 1 c. à soupe de purée (ou poudre) d'amande (facultatif)
- 1 ou 2 pincées de muscade râpée (facultatif)

Préparation
Dans une casserole, chauffer l'huile et y faire fondre l'ail et les champignons pendant quelques minutes en remuant de temps en temps.
Ajouter le *lait* froid additionné de la farine de riz et mélanger sans cesse à feu moyen avec un fouet, jusqu'à épaississement.
Saler, ajouter la muscade, vérifier l'assaisonnement et éteindre le feu.
Ajouter éventuellement la purée d'amande, pour une touche plus crémeuse et un parfum subtil.

Les super-aliments
ou les aliments du futur

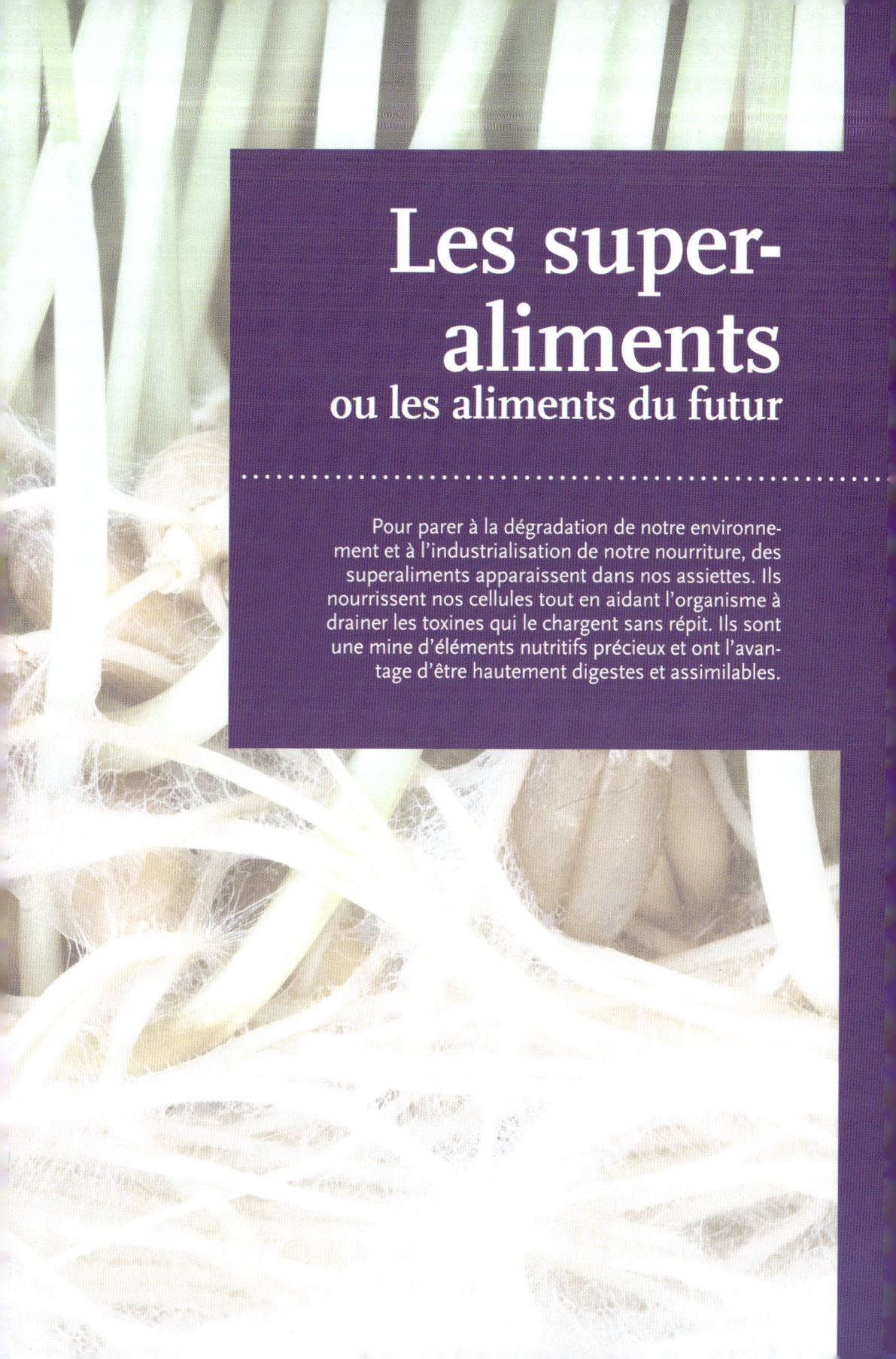

Pour parer à la dégradation de notre environnement et à l'industrialisation de notre nourriture, des superaliments apparaissent dans nos assiettes. Ils nourrissent nos cellules tout en aidant l'organisme à drainer les toxines qui le chargent sans répit. Ils sont une mine d'éléments nutritifs précieux et ont l'avantage d'être hautement digestes et assimilables.

Les graines germées

Concentré d'énergie, elles sont « symboles de vie » par excellence. La germination est une explosion enzymatique qui éveille les principes vitaux des graines et les multiplie, en faisant une mine de nutriments actifs, très facilement assimilables par l'organisme. Les graines germées apportent une source d'énergie rapidement assimilable et sont plus efficaces que la majorité des compléments alimentaires ; c'est ainsi une façon très économique d'obtenir des vitamines, des minéraux, etc. (le blé germé contient 7 fois plus de vitamines B que la farine complète, et 3 fois plus de vitamine E). Ce sont des antioxydants naturels qui renforcent le système immunitaire, protègent le corps des toxines et aident à combattre les polluants. La germination des graines entraîne leur prédigestion, les rendant facilement assimilables par ceux qui les consomment (notamment les légumineuses : haricots, soja vert, pois chiches...) ; de plus, dégustées en entrée, les graines germées aident à la digestion du repas. Il est facile et merveilleux de produire ces petits jardins à domicile, et de déguster ces jolies et délicieuses graines croquantes.

Un mélange d'alfalfa, de radis et de chou rouge.

Ma favorite, l'alfalfa, dont le nom signifie « père de tous les aliments », est simplement la graine de luzerne germée. Elle est composée de calcium, cobalt, fer, zinc, magnésium, manganèse, potassium, phosphore, vitamines : A, complexe des B, C (une tasse contient autant de vitamine C que six verres de jus d'orange), D, E, protéines complètes. Cela a conduit Luther Burbank (prix Nobel américain et l'un des botanistes les plus réputés du siècle précédent) à énoncer que « l'alfalfa est l'aliment du futur ». Son goût est agréable et généralement apprécié par chacun ; on la trouve maintenant dans les magasins en barquettes prêtes à consommer. Se déguste en salades, dans les sandwichs (apporte fraîcheur et croquant)...

Quelles graines faire germer ?

LES CÉRÉALES ENTIÈRES Blé, épeautre, kamut, seigle... (non décortiquées) La germination entraîne la prédigestion du gluten contenu dans ces céréales et le transforme en acides aminés simples, facilement assimilables par l'organisme.

Les légumineuses Pois chiches, lentilles, soja vert, luzerne, trèfle...

Les légumes En particulier ceux de la famille des choux : chou rouge, brocoli... (qui contiennent notamment un agent anticancéreux puissant) ; la jolie graine du poireau germée, que vous trouverez dans le commerce (elle est un peu fastidieuse à faire pousser soi-même !) ; les radis, qui sont agréablement croquants et piquants...

Les oléagineux Amandes, noix, tournesol... (Quelques heures de trempage suffisent pour activer la vie en eux).

Voici une idée de mélange délicieux qui apporte une abondance d'éléments nutritifs, très décoratif et prêt en 5 ou 6 jours : luzerne et/ou trèfle (¾), brocoli et/ou chou rouge, radis rose ou noir (¼).

Jeunes pousses de chou rouge.

Comment les faire germer ?

Choisir des graines qui ont une durée de germination identique. Compter environ 1 c. à soupe rase de graines d'alfalfa (luzerne) et 1 c. à dessert des autres graines pour 1 bocal d'environ ½ l.

Dans un bocal couvert de gaze (en pur coton tissé d'environ 10 x 10 cm) fixée avec un élastique, immerger les graines dans de l'eau pure plusieurs heures (ou une nuit).

Vider l'eau, rincer et laisser le surplus s'égoutter tranquillement en gardant le bocal incliné (sur l'égouttoir à vaisselle par exemple). Rincer matin et soir pendant 5 à 6 jours ; laisser dans une pièce assez lumineuse pour qu'elles développent de la chlorophylle, mais pas en plein soleil ! Les germes de soja (vert) nécessitent de pousser dans le noir.

Lorsque les graines sont bien développées et d'un joli vert printemps, les immerger complètement dans un saladier rempli d'eau. Les petites coques brunes, (dures et indigestes) vont se désolidariser du reste. Il suffit alors de récupérer délicatement les germinations qui sont prêtes à être dégustées. Elles se conservent plusieurs jours au frais, égouttées dans le bocal fermé.

La germination sur coton des petits écoliers fonctionne aussi très bien pour faire des jolies pousses bien droites, à couper aux ciseaux au fur et à mesure. C'est parfait aussi pour décorer des plats, des canapés d'apéritif...

Pour cela, faire tremper les graines quelques heures (ou une nuit). Les répartir sur du coton humide. Les laisser pousser en veillant à garder le coton toujours bien humide (arroser légèrement).

Voici un petit jardin de radis roses. Vous pouvez obtenir le même effet avec un germoir spécial pour faire des germinations toutes droites (en vente dans les magasins de produits bio).

ASTUCE PRATIQUE
Une manière très appréciée de consommer des crudités et germinations. Varier la garniture (betterave, céleri...).

NOTE SANTÉ
Très riche en enzymes et en nutriments.

Rouleaux énergie aux graines germées

Pour 4 personnes

Ingrédients
- 8 petites feuilles de riz
- 4 poignées d'alfalfas et/ou autres graines germées au choix

Préparation
Faire tremper les feuilles de riz dans un moule à tarte rempli d'eau jusqu'à ce qu'elles soient ramollies. Les égoutter sur un torchon propre et sec, bien à plat. Poser au centre les germinations. Rabattre deux extrémités opposées de la feuille et rouler en maintenant bien serré. Servir avec une sauce de ce livre au choix.

LES SUPERALIMENTS

Salade d'hiver superforme

Pour 4 personnes

Ingrédients
- 1 salade verte ou mesclun
- 3 carottes moyennes
- ½ tasse de choucroute crue
- 1 ou 2 poignée(s) de graines germées au choix (alfalfas, brocoli et/ou chou rouge, radis…)
- 2 c. à soupe de salade du pêcheur ou autres algues séchées en paillettes
- 1 dizaine de noix (si possible prétrempées 12 heures)

Préparation
Laver et couper la salade. Râper les carottes. Disposer tous les ingrédients dans un plat. Ajouter une sauce salade au choix. Servir sans attendre.

ASTUCE PRATIQUE
Utiliser d'autres crudités (endive, betterave, céleri, avocat…).

NOTE SANTÉ
Cette salade truffée d'enzymes, de vitamines, de minéraux, d'oligoéléments, d'acides gras essentiels, d'antioxydants et autres éléments protecteurs est délicieuse ! Dans la choucroute crue, le chou ainsi lactofermenté est considéré comme un « alicament ». À mélanger dès l'automne, dans les salades de crudités avec un filet d'huile ou utiliser comme condiment. Très riche en vitamine C et en ferments bénéfiques, elle est reminéralisante, purifiante, fortifiante, alcanisante. Ses fibres prédigérées par la fermentation n'irritent pas les intestins.

Salade exotique aux germes de soja

Pour 4 à 6 personnes

Ingrédients
- 200 g de germes de soja
- 1 carotte
- ½ concombre
- ½ poivron
- ¼ d'ananas (facultatif)
- 4 c. à soupe de graines de sésame
- 1 citron vert
- Un petit morceau de gingembre frais
- Quelques feuilles de menthe fraîche
- 4 c. à soupe d'huile de sésame
- 2 c. à soupe de sauce soja

Préparation
Découper le poivron et l'ananas en petits dés. Râper carotte, concombre, gingembre et le zeste du citron. Presser le jus du citron. Ciseler la menthe. Faire dorer les graines de sésame à la poêle. Mélanger tous les ingrédients et rectifier l'assaisonnement avant de servir.

Variation : *remplacer les graines de sésame par des cacahouètes pilées ; la menthe par de la coriandre ; le sésame et la sauce soja par du gomasio.*

Les algues

Autre superaliment, elles contiennent des protéines complètes (plus que la viande à poids égal), des glucides, des minéraux et des vitamines en quantités plus importantes que toute autre plante connue. Elles sont dépolluantes et alcalinisantes ; elles ont la particularité de capturer et transformer les métaux lourds ainsi que les substances radioactives de notre corps en sels que celui-ci peut éliminer facilement (chélation) grâce à l'alginate qu'elle contiennent.

Les algues nori, kombu, wakamé contiennent à poids égal jusqu'à 14 fois plus de calcium que le *lait* et sous une forme plus aisément assimilable par l'organisme.

Leurs autres propriétés

– Elles sont reminéralisantes.
– Elles favorisent une meilleure circulation sanguine.
– Elles sont antirhumatismales.
– Elles aident à réguler la thyroïde et le système glandulaire en général. (Elles sont déconseillées en cas d'hyperthyroïdie en raison de leur forte teneur en iode.)
– Elles aident à renforcer l'immunité et à combattre les maladies.

La façon la plus simple d'introduire les algues dans notre alimentation est de se les procurer sous forme de paillettes (salade du pêcheur, fines algues) et de les saupoudrer directement sur vos crudités, par exemple. Commencer par de toutes petites quantités et augmenter au fur et à mesure ; certaines personnes apprécient les algues dès le début, notamment celles qui aiment déjà les autres produits de la mer.

Fines algues ou salade du pêcheur.

ASTUCE PRATIQUE

Délicieux condiment qui accompagne parfaitement les légumes crus ou cuits. Bien qu'utilisée à des fins alimentaires partout dans le monde et consommée depuis des siècles au Japon, cette algue est vendue à l'usage du bain en France. Essayer cette recette avec des haricots de mer par exemple, c'est tout aussi délicieux.

Aramé sauté au sésame

Pour 4 personnes

Ingrédients
- 1 tasse d'aramé séché (environ 15 g)
- 2 c. à soupe de sauce soja
- 1 c. à soupe d'huile de sésame ou d'olive
- 3 c. à soupe de graines de sésame

Préparation

Faire tremper les algues dans de l'eau 15 à 20 min pour les réhydrater. Les égoutter et les rincer.
Les verser dans une casserole avec ½ tasse d'eau, l'huile et la sauce soja. Porter à ébullition, puis laisser mijoter 15 min environ en remuant de temps en temps, jusqu'à ce que toute l'eau soit évaporée. Mélanger encore 1 min à feu doux.
Verser dans le plat de service et parsemer de graines de sésame.

ASTUCE PRATIQUE
Ce délicieux caviar est parfait à tartiner sur des toasts pour un apéritif aussi original que sain. Essayez cette recette avec d'autres algues si vous le désirez.

NOTE SANTÉ
Goût iodé et bonne dose d'éléments nutritifs assurée.

Caviar d'algues express

Pour 2 personnes

Ingrédients
- ½ tasse d'algues déshydratées en paillettes style salade du pêcheur
- Le jus d'½ citron (ou plus)
- 2 à 3 c. à soupe d'huile au choix
- ½ oignon doux ou 1 petite échalote
- 4 ou 5 cornichons ou 2 c. à soupe de câpres
- Sel ou sauce soja

Préparation
Hacher finement l'oignon et les cornichons. Mélanger tous les ingrédients de façon à obtenir une purée épaisse. Si c'est trop sec, ajouter du citron ou un peu d'eau.

Déguster avec des galettes de riz fines, par exemple.

ASTUCE PRATIQUE
Un ensemble au goût harmonieux et si simple à réaliser ! Vous trouverez ces algues dans les magasins de produits biologiques.

NOTE SANTÉ
Nutritif et digeste. L'avocat est un aliment presque complet à lui tout seul, contenant des lipides de qualité. Avec les algues, cette recette est très riche et complète.

Nids d'avocat de la mer

Pour 2 personnes

Ingrédients
- 1 avocat mûr à point
- 2 c. à soupe de salade du pêcheur (mélange d'algues déshydratées en paillettes)
- Le jus d'1 citron

Préparation
Couper l'avocat en deux. Enlever le noyau. Verser les algues dans les creux et arroser de citron. Servir.

ASTUCE PRATIQUE
Variations très nombreuses. Très décoratif et apprécié. Certaines marques proposent les algues déjà grillées. Sinon, les passer sous le grill ou au four très chaud.

NOTE SANTÉ
Mine de nutriments, d'enzymes, etc.

Rouleaux terre et mer

Pour 1 personne

Ingrédients
- 1 feuille d'algue nori grillée
- 1 grosse poignée d'alfalfa et/ou
- Carottes râpées et/ou
- Betteraves râpées et/ou
- Céleri-rave râpé et/ou
- Brins de ciboulette ou menthe fraîche et/ou
- Bâtonnets de concombre, d'avocat...
- Sauce exotique ou mayonnaise végétale (amande, soja, sésame...)

Préparation
Enrouler la ou les crudités dans l'algue. Couper en quatre aux ciseaux. Déguster en trempant dans la sauce.

ASTUCE PRATIQUE
Les haricots de mer, nommés aussi « spaghettis de mer », ressemblent à de longues pâtes plates vert foncé.

Salade de haricots terre et mer

Pour 4 personnes

Ingrédients
- 500 g de pommes de terre cuites
- 250 g de haricots verts cuits
- 1 échalote
- 20 g de haricots de mer séchés
- Huile
- Vinaigre de riz ou de cidre
- Sel

Préparation
Immerger les algues dans une casserole d'eau, laisser gonfler 15 min, rincer, puis porter à ébullition avec une bonne pincée de sel. Éteindre le feu. Couper les pommes de terre en dés, les haricots verts en deux ou trois. Hacher l'échalote. Égoutter les algues et les couper en morceaux d'environ 2 ou 3 centimètres.

Mélanger tous les ingrédients, assaisonner avec l'huile, le vinaigre et saler.

Variation : *parsemer de petites graines au choix.*

ASTUCE PRATIQUE
Bonne façon d'introduire les algues par cette recette douce et savoureuse.

Salade de carottes à l'aramé

Pour 4 personnes

Ingrédients
- 1 tasse d'aramé séchée (environ 15 g)
- 2 belles carottes
- ½ bouquet de ciboulette ciselée
- 2 c. à soupe de sauce soja (tamari)
- Le jus d'½ citron
- 2 c. à soupe d'huile de sésame ou d'olive

Préparation
Faire tremper les algues dans de l'eau 15 à 20 min pour les réhydrater. Les égoutter et les rincer. Les verser dans une casserole d'eau salée, porter à ébullition, puis laisser frémir 15 min. Égoutter.
Râper les carottes. Mélanger avec les algues et les autres ingrédients.

Variation : *parsemer de petites graines craquantes (sésame, tournesol, courge...).*

ASTUCE PRATIQUE

Les haricots de mer, nommés aussi « spaghettis de mer », ressemblent à de longues pâtes plates vert foncé. De goût délicat, légèrement iodé. Le chou chinois est délicieusement croquant, sans être dur. À défaut des vinaigres listés, choisir du vinaigre de cidre.

NOTE SANTÉ

Le haricot de mer est très riche en vitamine C (4 fois plus que l'orange) et en fibres douces.

Salade de chou chinois à la japonaise

Pour 4 à 6 personnes

Ingrédients

- 1 petit chou chinois (environ 400 g)
- 1 carotte
- 20 g de haricots de mer séchés (ou autres algues au choix)
- 4 c. à soupe de vinaigre d'umébosis ou de riz
- 6 à 8 c. à soupe d'huile de sésame

Préparation

Immerger les algues dans une casserole d'eau, laisser gonfler 15 min, rincer, puis porter à ébullition avec une bonne pincée de sel. Éteindre le feu.

Couper le chou en lamelles fines. Râper la carotte ou faire des lanières à l'aide d'un économe. Égoutter et couper les algues en morceaux d'environ 1 centimètre. Mélanger tous les ingrédients. Saler suivant le vinaigre utilisé (le vinaigre d'umébosis est déjà très salé).

ASTUCE PRATIQUE
Jolies couleurs contrastées. On peut utiliser toutes les sortes d'algues pour cette recette, car elles accompagnent parfaitement le concombre.

NOTE SANTÉ
Cette algue rouge de l'Atlantique est riche en protéines, iode, fer, magnésium et vitamine E.

Salade de concombre à la dulce

Pour 4 personnes

Ingrédients
- 2 c. à soupe de dulces séchées en paillettes
- 1 concombre
- 2 c. à soupe de vinaigre de riz ou de cidre
- 2 c. à soupe d'huile de sésame ou de tournesol
- Sel

Préparation
Peler le concombre puis, à l'aide de l'économe, faire autant de lanières que possible. Les mélanger aux algues et aux autres ingrédients. Vérifier l'assaisonnement avant de servir.

NOTE SANTÉ
Riche en éléments nutritifs.
Goût iodé.

Sauce océane

Pour 2 à 4 personnes

Ingrédients
- 1 c. à soupe bombée d'algues en paillettes (salade du pêcheur, fines algues)
- Le jus d'½ citron
- ¼ de tasse d'huile végétale de première pression à froid
- Sel ou sauce soja

Préparation
Mélanger l'ensemble des ingrédients. Ajouter un peu d'eau si nécessaire.

LES SUPERALIMENTS

ASTUCE PRATIQUE

Recette de base. On peut ajouter d'autres légumes, du tofu en dés, des vermicelles de riz, des nouilles de sarrasin... Choisir du miso non pasteurisé (le miso de riz est excellent).

NOTE SANTÉ

Le miso est dépolluant et alcalinisant. Ses précieux ferments sont excellents pour entretenir la flore intestinale. Le shiitaké est un champignon reconnu pour ses vertus bienfaisantes pour la santé, notamment sur les défenses immunitaires.

Soupe miso aux champignons shiitakés

Pour 4 personnes

Ingrédients
- 1 carotte en rondelles fines
- 1 petit oignon ou poireau émincé
- 2 ou 3 champignons shiitakés séchés
- 10 cm d'algue wakamé trempée 5 minutes
- 2 c. à soupe de miso
- Un peu de gingembre frais ou en poudre (facultatif)
- 4 tasses d'eau

Préparation

Couper les champignons en quatre ou six morceaux. Verser l'eau dans une casserole et ajouter les légumes, les champignons et l'algue coupée en petits morceaux. Saler un peu.
Porter à ébullition et laisser cuire 15 min environ. Éteindre le feu. Ajouter éventuellement le gingembre. Diluer le miso dans une louche du bouillon, puis l'ajouter au reste. Servir.

Ne pas faire bouillir le miso pour ne pas détruire les ferments.

Les superaliments verts

La chlorophylle

C'est un ingrédient thérapeutique contenu dans toutes les plantes vertes. L'énergie solaire synthétisée par la plante (photosynthèse) est ce pigment vert. « Retransmise » à notre corps quand on la mange, la chlorophylle est le composant de base du « sang » des plantes, et sa molécule est remarquablement semblable à l'hémoglobine humaine. La chlorophylle aide à détoxifier les organes, notamment le foie, et contribue à évacuer les métaux lourds hors du corps. La salade verte, l'alfalfa, l'herbe de blé, le cresson, le persil et les autres herbes aromatiques, contiennent de la chlorophylle.

Les superaliments verts sont de véritables compléments alimentaires grâce à leurs richesses concentrées.

La spiruline et la chlorella (de la famille des algues bleu-vert) contiennent la plus haute concentration connue de chlorophylle. Elles apportent également des protéines complètes (21 acides aminés), toutes les vitamines B, B12 comprises, du bêta-carotène et d'autres vitamines, toute la gamme des minéraux, des acides gras essentiels... La liste des bénéfices que l'on retire de la consommation de ces algues est longue, et presque miraculeuse !

La spiruline

C'est une algue bleu-vert microscopique, apparue il y a trois milliards d'années, à l'origine de notre planète. Elle pousse dans les lacs, c'est une algue d'eau douce. Elle permet de lutter contre la malnutrition dans les pays défavorisés, grâce à son haut pouvoir nutritif concentré. En plus de ses richesses nutritionnelles, elle possède un fort pouvoir immunitaire et détoxinant. Elle est vendue en gélules (pratique si le goût déplaît), en paillettes et en poudre.

IDÉE RECETTE

Boost super vert du matin

Ingrédients
- 1 ou 2 bananes
- Le jus de 2 oranges
- 1 c. à soupe de spiruline en poudre

Préparation
Mixer le tout et boire sans attendre.

Tapenade vert intense

Ingrédients
- 2 c. à soupe de spiruline
- 4 c. à soupe d'amandes en poudre (ou autres oléagineux hachés)
- Le jus d'½ citron (ou plus)
- 2 c. à soupe de sauce soja ou du sel
- 1 c. à soupe de levure maltée
- 4 c. à soupe d'huile au choix
- Eau

Préparation
Mélanger tous les ingrédients en ajoutant l'eau en dernier petit à petit, pour former une « purée » à tartiner (ou plus liquide pour créer une sauce salade énergie).

Les aliments anticancer
et les alicaments

« Le médecin est la nature, elle guérit les trois quarts des maladies et ne dit jamais de mal de ses confrères », Louis Pasteur (1822 - 1895).

Les facteurs de risques d'avoir des maladies (dont le cancer) sont liés à une alimentation déficiente à valeur de 30 % (30 % sont liés au tabagisme, 15 %, à des facteurs divers...). Il est maintenant reconnu que certains aliments sont dotés de grands pouvoirs bienfaisants et sont de fait nommés « alicaments » (aliment médicament). Parmi eux figurent ceux qui nous aideraient à lutter contre la maladie, y compris contre le cancer ! En voici quelques-uns :

Le soja possède des éléments actifs contre le cancer. À condition de le consommer sous forme la plus entière possible, régulièrement et à doses modérées. Manger 25 miligrammes d'isoflavones de soja par jour (ce qui correspond à environ 100 grammes de tofu) est associé à une baisse marquée du risque du cancer du sein. La graine fraîche entière ou la farine de soja sont les formes les plus riches en isoflavones. Les yaourts au soja ou la sauce soja n'en procurent pas une source très importante.

Les crucifères (famille des choux), et en particulier le brocoli, contiennent un agent anticancéreux puissant : le sulforaphane. Si vous ne supportez pas les choux, essayez de consommer leurs graines... germées ! C'est bien plus digeste et cela multiplie encore leurs bienfaits. Celle du brocoli bat le record par sa concentration, mais tous les choux sont valables (chou rouge, chou-fleur, chou frisé, chou de Bruxelles, chou chinois, chou romanesco...).

Le shiitaké possède la faculté de booster les fonctions immunitaires. On le trouve frais (c'est un régal !), séché (très bien dans les soupes) et sous forme concentrée en complément alimentaire. D'autres champignons asiatiques comme le maïtaké ont le même potentiel.

Le bêta-carotène est un antioxydant connu pour protéger du cancer mais aussi pour contrôler les allergies et lutter contre le vieillissement. Tous les fruits et légumes orange vif (carottes, courges, abricots, melons...) en contiennent, ainsi que les légumes vert foncé. La patate douce détient le record. Un verre de jus d'orange frais n'apporte pas seulement de la vitamine C : les agrumes et notamment le citron possèdent plusieurs composés phytochimiques anticancéreux.

L'ail (élevé au rang de divinité en Égypte ancienne) et les membres de sa famille (oignons, poireaux, ciboules...) contiennent du sélénium antioxydant puissant qui agit notamment sur les cancers du système digestif. D'autres aliments sont riches en sélénium ; la levure de bière, les champignons, les oléagineux (la noix du brésil en particulier) en font partie.

Le curcuma est un puissant anti-inflammatoire qui inhibe les tumeurs cancéreuses et aide à lutter contre les maladies auto-immunes. Cette racine orange vif est un composant essentiel du curry et les Indiens, qui en consomment régulièrement, ont le plus faible taux de maladie d'Alzheimer au monde, 5 fois plus bas que les Occidentaux. Le poivre favorise son absorption, donc y penser avant d'en avaler des capsules entières.

Le gingembre contient des substances très actives notamment contre les cancers de la prostate et des ovaires.

La cannelle est aussi dotée d'un pouvoir antioxydant exceptionnel.

Les petits fruits rouges (fraises, framboises, myrtilles, mûres...) font aussi partie de la cohorte anticancer, ainsi que la noisette et la tomate, amie de la prostate.

De nombreux autres aliments sont considérés comme des alicaments ; la pomme, fruit de l'automne par excellence, « éloigne de nous le médecin », dit-on en anglais ! Les algues, l'alfalfa, les avocats, les herbes de Provence (basilic, thym...), les lentilles, la poire, le persil, la laitue, le céleri, tous sont inclus dans la liste, ce qui est rassurant, car cela laisse de vastes possibilités de se faire plaisir en se faisant du bien !

Bonne nouvelle pour les amateurs de chocolat !
Le cacao possède des polyphénols anticancéreux, comme le thé vert d'ailleurs, mais en quantités encore plus concentrées... à condition de déguster du chocolat noir à 70 %, au sucre non raffiné de préférence.

Les herbes aromatiques, les épices, les condiments

Ou le petit plus qui change tout !

Les herbes et épices

À utiliser avec discrétion pour mettre en valeur le goût des aliments sans le masquer. Elles permettent d'apporter une touche agréable, de relever les plats les plus simples et même de faire « voyager les papilles » suivant l'utilisation que l'on en fait. De plus, elles ont un intérêt diététique et médicinal.

En général :
– elles sont tonifiantes,
– elles aident à la digestion,
– elles combattent bactéries et parasites,
– les herbes aromatiques fraîches sont souvent très riches en nutriments (par exemple, persil et ciboulette sont riches en vitamine C, en fer…), et il est facile et agréable de cultiver ces herbes en pot.

Herbes et épices ont des propriétés bien spécifiques. Veiller à leur qualité : celles qui sont vendues en poudre sont souvent éventées. Les conserver dans du verre, à l'abri de la lumière, et les renouveler régulièrement. Le mieux est de les acheter entières (ex. : cumin, coriandre, cardamome) et de les moudre (au moulin à café, dans un mini-hachoir ou au mortier) avant de les utiliser.

Chaque pays a ses saveurs caractéristiques

France
Persil, livèche, céleri, cerfeuil, ciboulette, estragon, laurier, anis, fenouil, muscade, genièvre...

Provence et Méditerranée
Basilic, ail, sarriette, thym, sauge, romarin, huile d'olive...

Italie
Ail, basilic, huile d'olive, origan...

Chine
Sauce soja, sésame (huile), ciboule, gingembre, coriandre (feuilles), anis étoilé (badiane)...

Thaïlande
Citronnelle, noix de coco, piment...

Japon
Tamari, vinaigre de riz, gingembre, umébosis...

Vietnam
Menthe, coriandre (feuilles fraîches), nuoch-mâm...

Afrique du Nord, Liban
Menthe, coriandre (graines et feuilles), cumin, sésame, amande, ail, cannelle, piments...

Inde
Cannelle, menthe, piments, cardamome, coriandre (feuilles et graines), girofle, curry, gingembre, muscade, curcuma...

Propriétés de quelques plantes aromatiques utilisées dans les recettes

Il y en a bien d'autres ; des livres entiers leur sont consacrés.

Basilic Très riche en vitamines, il favorise la digestion. De plus, c'est un calmant (spasmes, migraines...) et un anti-dépresseur.

Cardamome Logées dans une gousse vert tendre, les petites graines noires de la cardamome ont une saveur chaude et acidulée très légèrement camphrée. Épice en vogue, elle apporte une note originale et incomparable à de nombreuses préparations et son goût plaît à tous.

Ciboulette C'est une des herbes les plus riches en vitamine C. De la famille de l'ail et de l'oignon, elle possède des vertus identiques.

Coriandre Nommée aussi « persil chinois » ou « persil arabe », utilisée pour ses graines comme pour ses feuilles, elle parfume traditionnellement les plats asiatiques (la feuille fraîche au Vietnam) et orientaux. Elle a des propriétés digestives. La feuille possède la particularité de chélater (évacuer) les métaux lourds stockés dans le cerveau.

Cumin De la famille de l'anis, fenouil, aneth... Ses graines stimulent le système digestif et aident à évacuer les gaz intestinaux. La saveur chaude du cumin se marie bien avec les choux et les haricots (légumineuses), dont il aide la digestion.

Curcuma Cette racine orange vif est la base des currys. Au goût chaleureux et agréable, c'est l'un des plus puissants anti-inflammatoires végétaux connus. De plus, la curcumine qu'il contient serait un protecteur du cancer (foie, estomac, côlon, seins, ovaires et leucémie entre autres), rien que ça ! Y penser pour accompagner légumes et légumineuses ; parfait avec le tofu.

Gingembre Cette racine, au goût citronné et piquant, relève bien des plats. Elle s'utilise souvent en mélanges, notamment en version salée dans les currys et autres compositions, ou sucrée dans les pains d'épice et spéculoos. Doté de nombreuses vertus, le gingembre est utilisé depuis des millénaires pour tous les problèmes liés à la digestion (il aide notamment à la digestion des graisses). Une action anti-cancer puissante lui est actuellement reconnue. Le mieux est d'utiliser la racine crue, fraîche (bien gonflée) et râpée finement (ou en jus).

IDÉE RECETTE
Pesto ou pistou

La fameuse sauce verte au basilic a des variations et des cousines jusqu'en Inde. La base de cette recette est : une herbe verte et aromatique, un oléagineux, un condiment (citron, ail, gingembre, piment...), du sel et de l'huile.

Méditerranée
- 2 tasses de basilic effeuillé
- ½ tasse de pignons (ou graines de tournesol, amandes, noisettes, noix...)
- 1 ou 2 gousses d'ail
- Huile d'olive
- Sel

Broyer l'ensemble en commençant par les oléagineux et l'ail, puis le basilic. Verser dans un pot et couvrir d'huile d'olive. Saler. Servir avec des pâtes, en tartines, pour fourrer des pommes de terre en robe des champs...

Asie du Sud
- 2 tasses de menthe fraîche
- ½ tasse de noix de cajou ou de sésame
- 2 c. à soupe d'oignon haché
- 1 gousse d'ail
- 1 cm de gingembre râpé fin
- 1 c. à soupe de jus de citron
- Huile de sésame
- Sel

Broyer les noix de cajou avec l'oignon et l'ail, ajouter le gingembre puis la menthe, mixer, ajouter le jus de citron puis verser dans un pot. Couvrir d'huile et saler. Bien mélanger.

Orient
- 2 tasses de feuilles de coriandre fraîches
- ½ tasse de noix de coco râpée ou de cacahouètes broyées
- 2 gousses d'ail
- 1 piment ou un petit morceau de poivron rouge
- Le jus d'½ citron (ou plus)
- 2 c. à soupe d'huile de coco
- Sel

Mixer tous les ingrédients en terminant par le sel.
Ces deux sauces accompagnent bien le riz, le tofu, le tempeh, les pois, les légumes...

Menthe Ses belles feuilles vertes ont un goût qui n'appartient qu'à elle. Elle relève toutes les salades. Dotée de nombreuses vertus, elle est à utiliser sans modération. Elle combat la fatigue, soulage la digestion, calme les migraines, les spasmes, les crises d'asthme, les règles douloureuses, combat les parasites intestinaux, les affections hépatiques…

Nigelle Nommée aussi « cumin noir d'Égypte », cette délicieuse petite graine noire a un goût de cumin et de sésame mélangé. Avec des vertus similaires au cumin, elle est connue notamment pour son action bénéfique sur le système immunitaire (on en extrait une huile utilisée à cet effet). À poser sur la table comme digestif pour la fin du repas.

Paprika Gros poivron rouge séché et réduit en poudre. Très décoratif, il corse un peu les plats et leur donne une saveur chaude. C'est un désinfectant intestinal. Il contient un peu de vitamine C.

Pensez à glisser une branche de thym contre le rhume en hiver dans les soupes et l'eau de cuisson des légumineuses. Si c'est le foie que vous désirez soulager, pensez au romarin. Outre leurs saveurs qui changent tout, les plantes aromatiques apportent toujours un plus santé !

Les mélanges d'épices

Currys et massalas (cocktails d'épices qui diffèrent d'une région à une autre de l'Inde, plus ou moins forts suivant les cas), 5 épices (mélange chinois), ras el hanout (Afrique du Nord), colombo (Antilles) : ces mélanges tout prêts sont bien pratiques à utiliser – lire les ingrédients (pour qu'il n'y ait que des épices et rien d'autre) et vérifier la fraîcheur des produits (dates sur les pots).

Les condiments

Le sel Seul élément utilisé sous forme minérale dans l'alimentation. En trop grosse dose, il nuit à la santé, entraînant de l'hypertension et des problèmes de reins. Les Français en consomment 2 à 3 fois plus que les recommandations de l'OMS. Le sel raffiné est dépourvu des nutriments essentiels du sel brut et contient des additifs pour le maintenir sec. Choisir du sel gris non raffiné de bonne qualité. Les sels de table vendus actuellement dans le commerce sont raffinés et contiennent souvent des additifs pour éviter l'humidité.

La fleur de sel Cueillie à fleur d'eau, elle développe un parfum particulier qui en fait un condiment recherché. Séchée naturellement au soleil, elle ne subit ni lavage ni concassage.

Le sel rose de l'Himalaya Très joli sel de roche (sel marin fossile très pur) aux tons roses plus ou moins foncés, qui lui viennent de sa teneur en fer. Récolté aux contreforts de l'Himalaya, il ne subit aucun traitement.

Les sels aux herbes Les sels aromatisés d'herbes, d'épices, d'algues... sont pratiques à utiliser ; ils relèvent facilement un plat et permettent de réduire sans s'en apercevoir la quantité de sel utilisé.

Le tamari Traditionnelle sauce de soja fermentée naturellement pendant trois ans. De goût très salé, elle remplace le sel dans la plupart des recettes et serait plus assimilable que celui-ci. Cette sauce apporte une saveur agréable qui plaît à tous et met naturellement en valeur le goût des aliments. À utiliser comme condiment ; remplace le vinaigre et le sel dans les salades. Source de protéines (il contient les huit principaux acides aminés) et source de vitamines du groupe B, d'enzymes et de ferments bénéfiques pour la digestion. Ne pas confondre avec la sauce soja industrielle, préparée artificiellement en deux heures et bourrée de produits chimiques. Les personnes allergiques au soja peuvent utiliser pour mes recettes du bouillon en pâte (marque Pural, sinon vérifier les ingrédients).

Le shoyu Similaire au tamari, moins concentré, souvent préparé avec du blé : **attention aux allergies au blé** !

La levure maltée Condiment en paillettes fines, qui remplace le fromage râpé dans des recettes. Souvent appréciée, notamment des enfants (à saupoudrer sur des salades, soupes, céréales, etc.). Riche en nutriments, la levure contient notamment des protéines (elle en est constituée de 40 à 50 %, dont tous les acides aminés essentiels). Elle contient 4 fois plus de vitamine E que l'huile de foie de morue, et toutes les vitamines du groupe B. C'est un équilibrant et protecteur du système nerveux, et un stimulant du système glandulaire ; elle favorise l'élimination des toxines et des déchets, stimule les défenses naturelles. Dépurative, elle est recommandée pour les troubles de la peau. C'est un reconstituant général. **Remarque : ne pas faire cuire. Attention, elle peut causer des réactions allergiques car elle contient du gluten.**

Le citron C'est un antiseptique, bactéricide, antiparasitaire, stimulant des défenses immunitaires. Ami du foie, il aide à digérer les graisses. Riche en vitamine C. Un peu de jus de citron revitalise les aliments cuits ou les crudités préparées trop à l'avance et empêche le noircissement dû à l'oxydation. L'utiliser à la place du vinaigre dans les salades. Il est acide, mais non acidifiant ; il serait même alcalinisant (cf. les travaux du Dr Valnet).

Le miso D'origine asiatique, c'est le « yaourt » végétal salé de la cuisine macrobiotique. C'est une fermentation à base de soja et de céréales. Riche en ferments actifs, enzymes et nutriments, il s'emploie dilué comme du bouillon de légumes. Il aiderait à éliminer la radioactivité (cf. les travaux menés à l'université d'Hiroshima au Japon) et à neutraliser les allergènes et polluants en renforçant la flore intestinale.

Les poivres Poivres noirs, blancs, verts, roses, du Sichuan ou de la Jamaïque, relèvent les plats mais peuvent aussi irriter les muqueuses digestives. Choisir les plus doux.

Le gomasio Délicieux condiment simplement composé de graines de sésame et de sel. Vous le trouverez tout fait dans les magasins bio et il est facile à « faire maison ». Ce condiment accompagne parfaitement les céréales, légumes, légumineuses... et il permet de gratiner des plats, pour remplacer chapelure et fromage. Le sésame est une haute source de calcium.

Les vinaigres Les vinaigres doux sont à favoriser, moins acides que le vinaigre de vin. Le vinaire de cidre, de riz et le vinaigre d'umébosis sont parmi les plus bénéfiques. **Le vinaigre de riz** contient un ferment bénéfique : l'*Aspergillus orizae*, qui est une enzyme permettant de digérer notamment les amidons. Ce vinaigre très agréable est parfait pour assaisonner des salades de céréales ou de légumineuses. **Le vinaigre d'umébosis**, d'un très joli rose, possède les mêmes propriétés que les prunes du même nom qui, fermentées pendant un à deux ans, font partie des ingrédients utilisés en cuisine macrobiotique. Elles ont des propriétés médicinales : elles facilitent la digestion, purifient le sang, éliminent l'excès de mucus, soulagent le mal des transports. Le goût est très salé et légèrement acide, et accompagne le chou cru et le concombre à merveille.

L'ail Condiment considéré comme un alicament. À utiliser cru si possible, sauf si l'estomac est irrité. C'est un antiseptique (antibiotique naturel), stimulant général, rééquilibrant glandulaire, hypotenseur, anticholestérol, vermifuge, antifongique, antispasmodique, préventif du cancer, etc. Il active la digestion et facilite la circulation.

Gomasio

- 1 tasse de graines de sésame crues
- 1 c. à soupe environ de gros sel non raffiné

Faire légèrement dorer les graines à feu très doux dans une poêle à fond épais (en fonte par exemple), en mélangeant souvent, puis ajouter le sel et broyer l'ensemble au mortier ou au mixer.

Graines grillées au cumin

Confit d'ail

Petite poudre magique au faux-mage

ASTUCE PRATIQUE
Cette délicieuse petite poudre fait l'unanimité et s'utilise dans absolument tout – salades, légumes cuits, céréales... Son petit goût légèrement « fromagé » relève tous les mets.

NOTE SANTÉ
Vitamines et minéraux à profusion !

Remplir une poêle à fond épais de graines au choix : tournesol, courge... et les « sécher » à feu très doux quelques minutes. Ajouter environ 2 c. à dessert de cumin en poudre et arroser d'un filet de tamari en mélangeant bien. Laisser encore « sécher » quelques instants et retirer du feu.

Parfait pour l'apéritif pour remplacer sainement chips et cacahouètes.

Condiment délicieux pour accompagner salades et légumes.

Écraser des gousses d'ail et recouvrir complètement d'huile d'olive. Ajouter du sel et laisser reposer 12 h environ. Cela « cuit » l'ail en préservant ses qualités et en adoucissant sa saveur. À déguster sur du pain grillé, des galettes de riz, des crackers, des salades, etc.

Ingrédients
- ½ tasse de levure maltée
- ½ tasse de graines de sésame
- 1 c. à dessert rase de sel

Préparation
Dans une poêle en fonte, faire dorer les graines de sésame à feu doux (jusqu'à ce qu'elles brunissent légèrement). Laisser refroidir. Puis mixer tous les ingrédients en poudre (un mini-hachoir est parfait pour cette tâche).

LES HERBES AROMATIQUES

Gérer les excès naturellement

Après un repas trop riche, voici quelques idées simples pour aider à digérer et éliminer.

Pour digérer les graisses et soulager le foie
- Gingembre frais râpé
- Citron frais pressé

Couvrir d'eau très chaude (pas bouillante !), boire à volonté.

Contre les ballonnements et les gaz (maux de ventre)
- Cumin

En tisane ou simplement mâcher les graines, hyperefficace.
En général : des enzymes en complément alimentaire.

Pour la digestion
- Menthe
- Réglisse

En tisane.

- Fenouil

Mâcher les graines tout simplement.

Version exotique en mélange :
- cannelle, cardamome, gingembre, girofle

Préparé en tisane ou en décoction.

Les méthodes de cuisson saines

Saviez-vous que la chaleur détruit en grande partie les vitamines des aliments (suivant la température et la méthode de cuisson), mais aussi toutes les enzymes nécessaires à leur digestion (à partir de 60 °C), forçant le corps à puiser dans ses propres réserves d'enzymes ? Un dénommé Maillard, qui a étudié les transformations chimiques se produisant lors de la cuisson des aliments, a remarqué que les nouvelles combinaisons moléculaires devenaient alors toxiques. Il les a nommées les « molécules de Maillard ». Plus la température est élevée, plus la toxicité est grande (ex. : procédé UHT).

Dans quoi cuire ?

La terre (qui a le désavantage d'être fragile, bien que si jolie), la fonte (qui a l'avantage d'être garantie à vie) ; vérifier la qualité de l'émaillage s'il y en a, et notamment l'absence de métaux lourds, le verre, l'inox, le fer (pour le wok).

La cuisson à l'étouffée

Cette cuisson douce permet de garder au maximum les nutriments contenus dans les aliments. L'ustensile de cuisson doit être le plus épais possible, avec un couvercle très bien ajusté ou lourd, pour éviter la déperdition de l'eau.

POUR LES CÉRÉALES Pour obtenir des céréales moelleuses et cuites à cœur, mettre juste la bonne quantité de liquide, qui doit être totalement absorbé en fin de cuisson. Porter à ébullition, puis baisser le feu et cuire à couvert doucement. Pour le temps de cuisson à partir de l'ébullition, voir

La cocotte en fonte est un investissement culinaire judicieux, durable et sain pour un délicieux mode de cuisson.

« Cuisson de base des céréales et des graines », p. 88. Pour la cuisson au gaz, utiliser un diffuseur sur la flamme baissée au minimum. Si l'ustensile de cuisson est très étanche et épais (en fonte par exemple), éteindre le feu 10 minutes avant la fin et laisser gonfler tranquilement la céréale avant d'enlever le couvercle. Aérer avec une fourchette pour éviter que le fond soit trop cuit (ou retourner sur un plat de service).

Pour les légumes Cuisson douce avec un couvercle très bien ajusté, sans utilisation d'eau (ou juste une cuillerée à soupe surtout pour les légumes les plus durs : carottes, céleri, etc.) ni de matière grasse. C'est la méthode la plus saine, car il y a peu de déperdition en nutriments, et la plus savoureuse, car la cuisson lente et régulière favorise les échanges de parfums. C'est l'occasion d'essayer la cuisson en tajine. Cuire à four doux, ou utiliser un diffuseur pour la cuisson au gaz.

La cuisson à la vapeur

Plus rapide qu'à l'étouffée, il y a davantage de déperdition de vitamines, mais c'est une meilleure méthode de cuisson pour les aliments non bio, car ils « suent » leurs toxines dans l'eau (ne pas utiliser cette eau !). Il existe un ustensile que j'affectionne particulièrement, car il est efficace, pratique et joli : c'est le traditionnel panier en bambou asiatique (en vente à petit prix dans toutes les épiceries asiatiques), qui existe en de nombreuses tailles. Il y a aussi la « marguerite », très pratique, adaptable, résistante et très peu onéreuse.

La cuisson à la vapeur douce

Le fameux ustensile nommé « vitaliseur » a la spécificité d'avoir un couvercle bombé qui empêche les gouttes d'eau bouillante de retomber sur les aliments qui sont en train de cuire. Il permet de garder un maximum de vitamines malgré la cuisson. Seul inconvénient, son prix élevé.

La marguerite

La cuisson au wok

Cet ustensile original est parfait pour une cuisine rapide, variée et diététique. Utilisé par les Asiatiques depuis deux mille ans, il est en accord avec notre mode de vie actuel. Polyvalent, il permet de saisir les aliments (coupés fins) très rapidement et donc de limiter la déperdition des nutriments. De plus, le wok permet de faire mijoter les aliments, mais aussi l'utilisation des paniers en bambou pour la cuisson vapeur, ce qui est pratique ! Les woks à fond plat sont compatibles avec les cuisinières électriques.

Voici deux méthodes de cuisson pour réduire la consommation de graisses cuites sans y perdre au goût :

Sauté sans huile
Mélanger environ ¼ de verre d'eau avec 1 ou 2 c. à soupe de sauce soja (tamari) (ou 1 c. à dessert de bouillon végétal en pâte ou en poudre). Mettre à frémir dans le fond d'une poêle, d'une sauteuse ou d'un wok, puis verser les aliments à cuire et mélanger. Couvrir pendant le temps de cuisson (plus long pour des carottes que pour des brocolis par exemple), puis ôter le couvercle et laisser s'évaporer le reste du liquide éventuel à feu vif.

Grillé léger
Ajouter au mélange précédent 1 c. à soupe d'huile de cuisson et procéder comme ci-dessus. Quand le liquide est évaporé et que l'aliment commence à dorer, le retourner jusqu'au croustillement désiré (permet d'utiliser moins de matière grasse !).

La crêpière en fonte traditionnelle est un excellent investissement : son revêtement est sain, inusable et n'attache pas !

À éviter

L'ALUMINIUM Il est soupçonné d'être responsable de la maladie d'Alzheimer. À usages répétés bien sûr !

LES REVÊTEMENTS ANTIADHÉSIFS AU TEFLON Ils n'ont pas la cote ! Sachez que lorsque la couche antiadhésive est chauffée, elle dégage des substances toxiques en 2 à 5 minutes, et que vous retrouvez l'émanation de vapeurs nocives dans votre nourriture. Chauffée (même à vide), elle dégage des vapeurs nuisibles qui attaquent les poumons. De plus, la production de ces revêtements est extrêmement polluante. Si vous utilisez ces ustensiles malgré tout, jetez-les dès qu'ils sont rayés ou qu'ils commencent à attacher.

LE FOUR À MICRO-ONDES Il est déconseillé. Son inconvénient majeur réside dans le fait que l'aliment ainsi réchauffé continue à émettre des micro-ondes une dizaine de minutes après sa sortie du four, ce qui attaque les muqueuses.

Aides recettes

Mesures et températures

La tasse sert ici d'unité de mesure principale. 1 tasse correspond à 1 verre à moutarde, 1 « mug » ou « cup » canadienne (voir récipients gradués). Conserver le même récipient de mesure tout au long d'une même recette !

Solides	
1 tasse	10-12 c. à soupe
1 t. de riz ou sucre	± 200 g
1 t. de farine ou semoule	± 150 g
1 t. d'amandes en poudre	± 150 g
1 t. de flocons	± 100 g

Liquides	
1 tasse	± 25 cl

Températures	
Four doux (T1 à 3)	100-130 °C
Four moyen (T3 à 5)	140-170 °C
Four chaud (T5 à 7)	180 °C et plus

Ustensiles pratiques

1 Verre doseur gradué en « cup » ou « tasse »
(Disponible en grandes surfaces et en magasins de décoration)

2 Cuillères à mesurer
(Disponibles en grandes surfaces)

3 Fouet et spatule

4 Râpes à petits et gros trous

5 Zesteur

6 Mixer plongeur et mini-hachoir

Les produits de base

> **Céréales et autres féculents**
- farine de riz, de millet, de sarrasin...
- fécule de pomme de terre ou arrow-root
- châtaignes entières (déshydratées ou en bocal), en farine
- flocons (riz, quinoa, millet...)
- semoule de riz, de maïs (polenta)
- pâtes de riz, de sarrasin...
- pommes de terre
- grains entiers (riz complet ou semi-complet, millet, sarrasin, quinoa...)

> **Légumineuses**
- lentilles vertes, corail
- haricots secs ou mi-secs
- arachides
- soja vert (à germer)
- pois : frais, secs (cassés) ou surgelés
- luzerne (à germer)
- pois chiches (entiers, farine)
- soja (tofu, tempeh, soja texturé)

> **Condiments**
- sel de mer non raffiné
- herbes aromatiques séchées
- gomasio
- épices
- huiles essentielles (citron, orange, mandarine)
- ail (gousses, semoule)
- sauce soja, miso
- levure maltée
- bouillons (cubes, poudre, pâte)
- miso

> **Fruits secs et oléagineux**
- raisins, pruneaux, pommes
- dattes, figues, abricots, bananes
- noix du Brésil, de pécan, de cajou
- amandes
- noisettes
- graines de tournesol décortiquées
- sésame
- pépins de courge

> **Fruits et légumes de saison**

> **Purées d'oléagineux**
- d'amande
- de noisette
- tahin (purée de sésame)
- de cacahouète
- *lait* (ou crème) de coco

> **Huiles (première pression à froid)**

Pour l'assaisonnement :
- d'olive, de tournesol, de sésame
- de colza, de noix, de chanvre (oméga-3)

Pour la cuisson :
- huile (ou beurre) de coco, d'olive, de tournesol oléique « spéciale cuisson »
- margarine non hydrogénée

> **Vinaigres**
- de cidre, de riz, d'umébosis...

> **Divers**
- champignons séchés ou frais
- algues (salade du pêcheur, nori, dulce, haricot de mer...)
- choucroute (automne/hiver)
- conserves de légumineuses
- citron
- graines à germer
- compotes, purées de fruits
- oignons, échalotes
- olives noires

> **Boissons, liquides**
- eau
- plantes à infusion
- thé vert
- *laits* végétaux (de soja, de riz, d'amande)

> **Sucres**
- miel (non chauffé)
- sucre complet
- sirop d'érable
- sirop de riz, d'agave
- sucre blond non raffiné

Alternatives aux ingrédients habituels

Ingrédients habituels	Alternatives	Où les trouver
Beurre	Margarine non hydrogénée, beurre (ou huile) de coco, purées d'oléagineux (amande, noisette, etc.), beurre végétal p. 237	Magasins de produits naturels et biologiques
Bonbons, sucreries	Fruits secs, confiseries au sucre de fruit, confiseries naturelles	Magasins de produits naturels et biologiques, supermarchés
Crème	Purées d'oléagineux (amande, sésame…), crème de coco, crèmes végétales en briquettes…	Magasins de produits naturels et biologiques, supermarchés
Farine de blé	Farine de riz, de millet, de sarrasin, de châtaigne, de quinoa…	Magasins de produits naturels et biologiques
Fromages	Levure alimentaire, oléagineuse, tofu, soja frais fermenté, crème magique (p. 238)…	Magasins de produits naturels et biologiques, supermarchés
Gelée et gélatine	Agar-agar	Magasins de produits naturels et biologiques, magasins de produits asiatiques
Lait de vache	Purées d'oléagineux (diluées dans de l'eau) *laits* végétaux (de soja, de riz, d'amande…)	Magasins de produits naturels et biologiques, supermarchés
Œufs	Fécules (gâteaux), agar-agar (flans et entremets), tofu (omelettes, galettes, mayonnaises, quiches…), poudre de graines de lin	Magasins de produits naturels et biologiques, magasins de produits asiatiques, supermarchés
Pain blanc	Pain bis ou complet au levain, galettes de riz, pain des fleurs, pain sans gluten	Boulangeries, magasins de produits naturels et biologiques, supermarchés
Pâtés et charcuterie*	Pâtés végétaux, saucisses de soja, tofu fumé…	Magasins de produits naturels et biologiques, supermarchés
Sel blanc	Sel non raffiné : miso, tamari, shoyu, algues en paillettes, gomasio, sel aux herbes, sel rose de l'Himalaya	Magasins de produits naturels et biologiques, épiceries fines, supermarchés
Sucre blanc	Sucre complet, sirops de céréales, d'agave, sirop d'érable, miel, stévia	Magasins de produits naturels et biologiques, supermarchés
Viandes	Tofu, protéine de soja texturée, tempeh, légumineuses + céréales et/ou noix oléagineuses	Magasins de produits naturels et biologiques

Lexique des ingrédients utilisés

Agar-agar Algue gélifiante au goût neutre. Avec un pouvoir gélifiant de près de 8 fois celui de la gélatine animale, elle a en plus la propriété de purifier les intestins. Comme toutes les algues, elle est riche en nutriments. Elle s'utilise pour les gelées, les aspics, les flans, les mousses et les charlottes ; parfaite pour créer des desserts frais et légers. Selon les marques, on la trouve en barres ou en poudre. La poudre est la plus pratique à utiliser. Disponible en magasins de produits asiatiques et en magasins bio.

Arrow-root Fécule d'un tubercule tropical. Très digeste. Remplace la Maïzena pour lier les sauces et épaissir les crèmes. Remplit la fonction liante des œufs dans les préparations. Disponible en magasins bio.

Beurre ou Huile de coco Une huile « dure » au parfum exotique qui se comporte un peu comme du beurre (figée à température ambiante). Saine et digeste, elle est bien assimilée par le foie et la vésicule biliaire. À choisir extra vierge de première pression à froid. Délicieuse crue comme cuite, elle est une des rares huiles du monde végétal à supporter une température de cuisson élevée sans devenir nocive.

Chocolat Choisir du chocolat noir, bio et équitable plutôt que du sucre complet (la marque Rapunzel réunit ces qualités). Ne pas en abuser... Disponible en magasins bio.

Choucroute crue Le chou ainsi lactofermenté est considéré comme un alicament. Dès l'automne, à mélanger dans les salades de crudités avec un filet d'huile, ou utiliser comme condiment. Très riche en vitamine C et en ferments bénéfiques, elle est reminéralisante, purifiante, fortifiante, alcanisante. Ses fibres prédigérées par la fermentation n'irritent pas les intestins. Disponible dès l'automne en magasins bio.

Farine de pois chiches Cette délicieuse farine permet de lier et d'enrichir bien des préparations. Disponible en magasins de produits asiatiques et en magasins bio.

FARINE DE RIZ Farine sans gluten très digeste. On la trouve sous la forme complète ou blanche (la préférer complète). La crème de riz est simplement la farine précuite et peut être utilisée dans les recettes. Disponible en magasins bio.
Ceux qui le souhaitent peuvent remplacer la farine de riz par celle de blé ou d'épeautre dans toutes les recettes qui contiennent cet ingrédient (hormis le pain).

GOMASIO Condiment composé de graines de sésame broyées avec du sel et parfois des algues comestibles. Délicieux sur des céréales, des légumes, des légumineuses... Le sésame est une très bonne source de calcium. À faire soi-même ou à acheter tout prêt dans les magasins de produits bio.

LAIT OU CRÈME DE COCO Élaboré à partir de la noix de coco, apporte une note exotique et originale aux plats ; généralement très apprécié. On le trouve en conserve (attention : il ne doit y avoir que du coco et de l'eau), en brique, en « pain » (dans les magasins de produits asiatiques). Les conserves de *lait* bio ont généralement la partie solidifiée sur le dessus, qui remplace la crème fraîche dans les recettes. Disponible en magasins de produits asiatiques, dans les supermarchés (rayon exotiques) et en magasins bio.

LAIT DE RIZ Boisson préparée avec du riz complet. Digeste et agréable. Plaît énormément aux enfants. Sans cholestérol. Saveur plutôt douce. Disponible en supermarchés (rayon diététique) et en magasins bio.

LAIT VÉGÉTAUX Fabriqués à partir de riz, de soja, d'avoine, d'amande, etc. Ils peuvent être utilisés à la place du lait de vache dans les recettes. Disponible en supermarchés (rayon diététique) et en magasins bio.

LÉGUMINEUSES Appelées aussi « légumes secs » ; leur famille comprend : les haricots secs, les pois chiches, les lentilles, les pois, les fèves, le soja...

Levure de bière alimentaire Condiment qui remplace le fromage râpé (saupoudrer sur des salades, soupes, céréales, etc.). Disponible en supermarchés (rayon diététique) et en magasins bio. Elle contient des traces de gluten, il en existe sans.

Miel Sucre de qualité, riche en substances vitales. Ne pas le chauffer cela le rend toxique. Veillez à sa qualité (le miel non chauffé est spécifié sur l'étiquette du pot).

Miso Pâte fermentée à base de soja et de céréales. Riche en ferments actifs et enzymes bénéfiques pour la digestion. De goût salé, elle s'emploie diluée comme du bouillon de légumes. Aide à éliminer la radioactivité (*cf.* travaux de l'université d'Hiroshima) et à neutraliser les allergènes et polluants. Disponible en magasins bio, au rayon des produits japonais.

Oléagineux La famille des noix et graines oléagineuses, riches en lipides : amandes, noisettes, noix, sésame, pignons, pistaches, pépins de courge, etc.

Poudre à lever (ou levure chimique) Poudre blanche (souvent du bicarbonate de soude ou de l'acide tartrique) qui permet de faire lever les gâteaux. Vérifier qu'elle ne contient ni phosphates ni aluminium. Disponible en magasins bio.

Sel Choisir du sel non raffiné de bonne qualité. Le sel raffiné est dépourvu des nutriments essentiels du sel brut et contient des additifs pour le maintenir sec.

Shoyu Similaire au tamari, moins concentré, préparé avec du blé fermenté : attention aux allergies au blé ! Disponible en magasins bio.

Sirop d'érable Sève concentrée de l'érable, récoltée au Canada. Sirupeuse et sucrée, elle est délicieuse et riche en minéraux. Attention à sa qualité (acheter 100 % sève d'érable uniquement). Disponible en supermarchés et en magasins bio.

Sirop de riz (ou malt de riz) Élaboré à partir de riz complet. Il remplace le caramel sainement. Disponible en magasins bio.

Sucre complet C'est simplement le jus de la canne à sucre desséché. Brun foncé, il contient des minéraux et vitamines (à l'inverse du sucre blanc, qui est un déminéralisant). Produit naturel, il a un goût très caractéristique, généralement apprécié (notamment des enfants), qui prend parfois le dessus dans certaines préparations (thé, café...). Disponible en supermarchés (rayon diététique ou commerce équitable) et en magasins bio.

Tamari Traditionnelle sauce de soja fermentée naturellement pendant trois ans. Goût très salé : remplace le sel dans la plupart des recettes et met en valeur le goût des aliments. Les personnes allergiques au soja peuvent utiliser pour mes recettes du bouillon en pâte (marque Pural, sinon vérifier les ingrédients). Disponible en magasins bio.

Tempeh Protéine végétale concentrée ; remplace la viande dans les recettes. Plats salés uniquement. Arôme de champignon. Produit par fermentation du soja ; plus digeste et plus goûteux que le tofu. Riche en vitamines du groupe B. Encore peu répandu en France. Disponible en magasins bio.

Tofu Sorte de fromage végétal issu du *lait* de soja. Il remplace les protéines animales dans les recettes. Goût neutre : prend le goût des ingrédients utilisés. Ne contient ni graisses saturées ni cholestérol. Disponible en magasins de produits asiatiques (nature uniquement) et en magasins bio.

Umébosis Condiment japonais, disponible en vinaigre ou en pâte, issu de prunes fermentées pendant une à deux années. Disponible en magasins bio, au rayon des produits japonais.

Vinaigres Les vinaigres doux sont à favoriser ; moins acides que le vinaigre de vin. Le vinaigre de cidre et le vinaigre de riz sont parmi les plus bénéfiques. Le vinaigre de riz contient un ferment bénéfique : l'*Aspergillus orizae*, qui est une enzyme permettant de digérer notamment les amidons. Disponible en magasins bio au rayon des produits japonais. Le vinaigre balsamique peut remplacer la sauce soja dans certaines recettes, mais il faudra ajouter du sel.

Savoir consommer durablement

Il est important de ne pas sous-estimer notre pouvoir de consommateur ; il est bien réel et chacun de nous au quotidien, rien qu'en transformant ses habitudes d'achat, peut changer le monde. Soyons donc des consom'acteurs !

Voici des gestes simples à mettre facilement en pratique.

Mieux consommer

Acheter local au maximum, ou tout du moins des aliments produits dans notre pays, est aussi un acte solidaire pour les cultivateurs, les éleveurs et les producteurs du lieu où l'on vit. Allez sur les marchés ! Encouragez la production artisanale de qualité !

Acheter des fruits et légumes de saison car c'est meilleur pour la santé (les fruits ont mûri sur l'arbre et non artificiellement, ce qui signifie plus de vitamines !). C'est aussi meilleur pour notre environnement car il y a moins de transport et de stockage.

Éviter les emballages et suremballages

Ignorez les produits suremballés ; si vous agissez ainsi, ce sont les fabricants qui s'adapteront à vous. Dans la majorité des magasins bio, il y a un secteur vrac. Vous pouvez même réutiliser le sac en papier qui vous a servi la dernière fois !

Acheter équitable

Café, cacao, thé... sont devenus des produits de consommation courante. C'est une bonne idée de penser à acheter équitable pour ne pas contribuer à exploiter ceux qui travaillent dur pour satisfaire nos habitudes exotiques...

L'économie familiale

Préférer la qualité à la quantité demande parfois quelques transformations des habitudes d'achat.

Voici quelques suggestions pour allier alimentation, santé et budget modeste.

- Réduisez la consommation de protéines animales en introduisant des solutions de remplacement végétales (bien plus économiques).

- Au quotidien, ne proposez pas plus d'une sorte de produit animal par repas (viande, œuf ou fromage) ; cela aura un impact positif sur votre santé ainsi que sur votre budget. Et pourquoi ne pas composer des menus avec uniquement des protéines végétales ?

- Utilisez des fruits et légumes de saison et locaux.

- Faites germer des graines pour obtenir facilement des salades et crudités gorgées de vitamines. Cela pour quelques centimes !

- Évitez les plats individuels tout faits, le plus souvent trop sucrés ou trop salés et généralement coûteux, surtout lorsqu'ils sont de bonne qualité.

- Recyclez des pots en verre et remplissez-les de préparations maison ; par exemple, achetez vos yaourts nature en gros conditionnement et ajoutez-y des fruits frais, du très bon miel ou du délicieux sirop d'érable. Faites des flans maison à l'agar-agar, c'est rapide et facile.

- Faites vous-mêmes vos douceurs ; les recettes de ce livre sont très simples et rapides, ne nécessitent que très peu d'ustensiles et, comme elles ne contiennent pas de produits animaux, elles ont l'avantage d'être peu onéreuses tout en ayant une qualité nutritionnelle optimale. De plus, elle se conservent très bien.

Mieux s'alimenter

Sérénité à table

Aliments complets
Céréales, sel non raffiné, sucre complet

Aliments protecteurs
Ferments actifs : choucroute crue, yaourts, miso (non pasteurisés)... ; aliments riches en antioxydants : vitamines C, E, bêta-carotène, sélénium... AGE du type oméga-3

Aliments frais et « vivants » (sources de vitamines, minéraux et enzymes)
Fruits et légumes frais et crus, de saison, graines germées, algues, herbes aromatiques

Fibres
Céréales complètes, fruits, légumes

Simplicité des menus

Aides digestives
Mastication, condiments et plantes digestives, enzymes en compléments alimentaires, juste combinaison des aliments, savoir gérer les excès

Des heures de repas régulières

Introduire des protéines végétales
Céréales complètes, légumineuses, oléagineux, soja, champignons, levure de bière, algues, etc.

Sucres sains
Sirop d'agave, de riz, sucre complet, miel non chauffé, sirop d'érable, fruits frais et secs

Glucides (sucres) lents
Céréales complètes, légumineuses (pois chiches, haricots...), autres féculents...

Laisser 3 heures entre le dîner et le coucher

BON

Cuisson douce
Vapeur, étouffée

Aliments détoxinants, dépollueurs et nettoyeurs
Algues (chélation), graines germées, verdures, herbes, chlorophylle concentrée (spiruline, chlorella), fibres

Produits naturels, de qualité

Se faire plaisir
Créativité dans la cuisine, découvrir de nouvelles saveurs, aimer ce que l'on mange, manger varié

Acides gras essentiels (AGE)
Type oméga-6 : huiles de tournesol, de sésame... ; Type oméga-3 : huiles de colza, de noix, de chanvre... ; huiles crues de première pression à froid

Cuisiner avec cœur

MOINS BON

Excitants
Café, thé, sucre

Sucres malsains
Sucre blanc, miel chauffé, aspartame

Manque de fraîcheur
Transport, cueillette prématurée, stockage, conserves

Mélanges
Incompatibilités alimentaires, compositions complexes

Modes de préparation
Cuisson haute température, revêtement antiadhésifs, restes (+ de 2 jours), barbecue, friture, micro-ondes

Attitude
Stress, plateau télé, fast-food, grignotage

Aliments raffinés
Sucre, sel, céréales, huiles

Mauvaises graisses
Huiles cuites, huiles industrielles, margarine hydrogénée

Allergènes selon votre sensibilité
Lait et dérivés, œufs, gluten, produits à base de blé, avoine, seigle, orge (pain, pâtes, etc.), soja, arachides

Excès de protéines concentrées
Viandes, poissons, sous-produits animaux : œufs, fromages, soja...

Métaux lourds
Gros poissons, aluminium (emballages, conserves...), eau du robinet

Infos pratiques

Produits par correspondance

EXQUIDIA !
Quartier Bon Rencontre
26270 Loriol-sur-Drôme
Tél. : 09 71 29 30 96
www.exquidia.com

Spécialisée dans le commerce d'aliments biologiques sans gluten et sans lait, sains et savoureux, cette épicerie fine sélectionne avant tout des produits de la plus haute qualité, remarquables par leur finesse, leur délicatesse et leur originalité, destinés à simplifier la préparation des repas et à satisfaire les papilles gustatives les plus exigeantes.

MOULIN DES MOINES
www.moulindesmoines.com

Propose de nombreux produits biologiques par correspondance. Vous pouvez y commander une grande partie des ingrédients mentionnés dans ce livre.

AQUA B (algues gastronomiques)
Terre-plein du Port
29746 Lesconil
Tél. :02 98 82 26 56

Récoltants et producteurs de produits à base d'algues alimentaires fraîches et sèches (fines algues notamment). Vente directe et par correspondance.

HUILOREINE (huiles)
12, Grande Rue
55210 Chaillon
Tél. : 03 29 92 18 68

Vente directe et par correspondance d'huiles végétales de haute qualité. Fabrication artisanale haut de gamme.

TY'NAT (ustensiles de cuisine sains)
49, rue Pierre-Corneille
35000 Rennes
Tél. : 02 99 32 18 87

Vente par correspondance d'ustensiles de cuisine en fonte, en inox...

Site web écologique intéressant
www.terresacree.org/cyber.htm

Associations

ONE VOICE
@67065 Strasbourg Cedex
Tél. : 03 88 35 67 30
www.one-voice.fr

Cette association mène de nombreuses actions pour défendre la cause des animaux dans le monde.

PMAF
(Protection mondiale des animaux de ferme)
BP 80242
57006 Metz Cedex 1
Tél. : 03 87 36 46 05
www.pmaf.org

La PMAF a pour objectif d'œuvrer à l'amélioration des conditions d'élevage, de transport et d'abattage des animaux d'élevage. Elle œuvre pour que la réglementation existante dans ce domaine soit correctement appliquée, mais aussi pour la faire évoluer.

ASSOCIATION KOKOPELLI
Oasis
131, impasse des Palmiers
30100 Alès
Tél. : 04 66 30 64 91
Fax : 04 66 30 61 21
semences@kokopelli.asso.fr
www.kokopelli-semences.fr

Pour acheter des graines de variétés anciennes non manipulées et que l'on peut semer année après année.

Créée en 1999, l'association Kokopelli, anciennement connue sous le nom de Terre des semences, œuvre depuis 1994 pour préserver la biodiversité semencière et potagère. Basée à Alès dans le Gard, Kokopelli a pour but de remettre en valeur une collection planétaire d'anciennes variétés potagères et de la rendre à nouveau accessible aux jardiniers. À ce jour, ce sont 2 000 variétés ou espèces qui sont distribuées par l'association, dont 550 variétés de tomates, 150 variétés de courges, etc. Son but est aussi d'aider différentes communautés du Tiers-Monde à retrouver une certaine autonomie semencière.

Livres

Les Chemins de la souveraineté individuelle
René Bickel
Rue de Mittelwihr
68150 Ostheim
bickel@wanadoo.fr
www.bickel.fr

Bandes dessinées humoristiques. À commander directement auprès l'auteur.

L'Alimentation crue en 400 recettes
Dr Christian Pauthe,
Jacques Ozanne
Éd. François-Xavier de Guibert

Pratique pour préparer notamment les viandes et les poissons crus.

Index des recettes

Ananas décalé piqué de fraises 195
Aramé sauté au sésame 257
Barre de céréales express 162
Barres nrj 163
Béchamel aux champignons 247
Beurre végétal 237
Biscuits Spéculoos 178
Boost super vert du matin 267
Boulettes croustifondantes. 70
Boulettes de riz au sésame. 95
Brochettes de fruits frais 194
Brochettes toutes végétales 65
Brownies choco noisette orange 172
Cake salé nature 108
Caramels aux fruits secs 189
Carottes confites aux petits oignons . .212
Carpaccio d'ananas à la menthe 196
Carpaccio de tomates tricolores,
basilic et parmesan d'amandes 202
Caviar d'algues express. 258
Céleri rémoulade à la noisette 200
Chantimayo puissance verte 239
Chili sin carne 134
Chou farci d'hiver 66
Clafoutis 168
Cookies aux flocons et raisins 180
Cookies vanille et pépites de chocolat. .179
Coulis de tomates crues au basilic. . . . 246
Crackers & gressins 107
Crème amandine 156
Crème chantilly végétale multi usages. .158
Crème de brocoli aux champignons . .226
Crème délice aux noix super oméga-3. .71
Crème fondante
pour décors gourmands 160
Crème fraîche de cajou vanillée. 157
Crème magique au faux-mage 238
Crumble de fruits fraîcheur d'été 196
Crumble pomme noisette citron 171
Délice pêche amande 193
Duo de choux en fleur 201

Duo de quinoa aux noisettes 102
Escalopes de tofu « pas nées » 69
Faux-mage frais à l'ail et au basilic. 72
Financiers à la noisette. 174
Flan au chocolat 170
Fondant d'aubergines à la provençale . .213
Fondant de betteraves confites. 214
Frappé coco abricot. 193
Friands aux épinards en feuille de riz. .215
Galettes de tofu express 73
Galettes rapides aux flocons
de céréales. 106
Gaspacho de betterave
& chantilly végétale salée à la pistache. .224
Gâteau amande citron 177
Gâteau coco choco 176
Gâteau d'épices glacé à la crème 173
Gâteau de polenta aux tomates
séchées, basilic et petites graines . . . 104
Gâteau de semoule au zeste d'orange. .181
Glace express banane cardamome . . . 194
Gratin de céréales
et multicolore de légumes 94
Gratin de pâtes 110
« Green » burger de petits pois 137
Grosses frites au four à la provençale. .125
Hamburger ami de la planète 81
Haricots coco à la méditerranéenne . .135
Hérisson de mangue à la neige 197
Houmous 136
Lasagnes à la bolognaise 111
Légumes rôtis laqués 221
Lentilles corail aux légumes d'hiver . .138
Les fonds de tartes 156
Madeleines à la châtaigne 175
Millet nature 90
Mousse au chocolat dense et légère . .165
Mousse de fraises 166
Nem poire amande chocolat 187
Nid de butternut au coco
et au sirop d'érable 220

Nids d'avocat de la mer 259	Quinoa nature 91
Omelette verdura 74	Quinoa verdura 100
Pain de campagne au sésame 120	Ragoût de lentilles vertes au potiron. .144
Pain nature 119	Ragoût de pommes de terre
Pain sarrasin raisin. 121	à l'indienne 131
Pancakes pommes, myrtilles châtaignes 164	Râpée de racines à la crème 211
Panisses à la provençale 139	Riz à la printanière 93
Pannacotta de framboises à l'amande. .169	Riz au *lait* à l'orientale 183
Patates sautées aux	Riz nature 90
champignons et soycisses 126	Riz pilaf à l'indienne. 92
Pâte à crêpes .154	Riz sauté aux légumes 96
Pâté à la campagnarde 79	Rouleaux énergie aux graines germées. .253
Pâte à pizza 123	Rouleaux terre et mer. 260
Pâte à tarte sucrée 155	Salade aurore au cumin noir d'Égypte. .203
Pâte à Wraps	Salade de carottes à l'aramé 262
(sarrasin ou pois chiches) 109	Salade de carottes orange
Pâté de lentilles roses 140	sésame gingembre 205
Pâté de pois cassés 141	Salade de champignons à la ciboulette. .206
Pâtes fraîches maison sans gluten. . . .114	Salade de chou chinois à la japonaise. .263
Perles de tapioca mangue coco 184	Salade de concombre à la dulce 264
Pesto ou pistou 273	Salade de fruits au chocolat 195
Petite sauce rapide à la crème de coco. .51	Salade de haricots terre et mer 261
Petit pain à la châtaigne 122	Salade de lentilles vertes d'hiver 145
Petits pois à la française 142	Salade de mâche hivernale. 207
Polenta façon	Salade d'endives « adieu l'été » 208
« pizza au faux-mage » 105	Salade de pois chiches d'été 146
Pommes au four farcies 186	Salade des Andes 101
Pommes de terre en robe	Salade d'été au tofu fumé. 204
des champs et leur petite	Salade d'hiver superforme 254
sauce aux herbes. 127	Salade exotique aux germes de soja. . .255
Potée de mes p'tits choux-choux 216	Salade frisée aux lardons de tofu fumé. .209
Potée de pommes de terre	Salade méditerranéenne 112
à la hongroise 128	Salade sauvage à la niçoise. 97
Pudding de millet coco épices 182	Sarrasin forestier 103
Purée de haricots rouges	Sarrasin (kasha) nature 91
à la mexicaine 143	Sauce bolognaise végétale 80
Purée de patates douces	Sauce curcumine 244
à la crème de coco 129	Sauce exotique 240
Purée de pommes de terre aux olives. .130	Sauce océane. 265
Quenelles de millet parfum de noix . . .99	Sauce « pirouette cacahouète » 243
Quiche aux légumes 68	Sauce rapide au gomasio 241

INDEX DES RECETTES

Sauce salade blanche et légère 240
Sauce salade essentielle 241
Sauce « sésame ouvre-toi » 243
Sauce tomate «tricheuse» 245
Sauté de brocolis express 217
Sauté de protéines à l'aigre-doux 82
Smoothie pur fruit 197
Sojanaise 242
Soufflé nuage d'asperges 67
Soupe de pois cassés aux épices 147
Soupe glacée concombre et menthe . . 210
Soupe Halloween 222
Soupe lentilles carottes cumin 148
Soupe miso
aux champignons shiitakés 266
Soupe paysanne aux 5 légumes 223
Soupe rapide potiron châtaigne 225

« Steak » de tofu aux herbes 64
Tagine couleur d'été 218
Tagine de légumes à l'amande douce . . .219
Tagliatelles à la carbonara
toutes végétales 113
Tapenade vert intense 267
Tartare de fruits aux épices 198
Tarte au citron meringuée 167
Tempeh coco loco 77
Tempeh grillé aux épices 78
Tempeh lemon grill 76
Terrine de millet aux petits légumes . . .98
Tiramisu express 185
Tofu brouillé forestier 75
Triangle croustifondant aux pommes . . 188
Velouté de potimarron aux épices . . .227

Bibliographie

Dr Richard Béliveau et Dr Denis Gingras, *Les Aliments contre le cancer*, Éd. Solar

Dr Éric Ménat, *Le Dictionnaire pratique de la diététique*, Éd. Grancher

Dr Michel Lallement, *Les clés de l'allimentation santé : Intolérances alimentaires et inflammation chronique*, Éd. Mosaique Santé

Linda Rector Page, *Healthy Healing*, Éd. 12 Spi Exp

Dr Claude Belou, *Les Délices du potager*, Éd. Vie et Santé

Dr Jean Valnet, *Se soigner par les légumes, les fruits et les céréales*, Éd. Le Livre de Poche

John Robbins, *Se nourrir sans faire souffrir*, Éd. Stanké

Dr Sven Neu et Dr Karl Ransberger, *Les Enzymes-santé*, Éd. Jouvence.

Dr Jean Seignalet, *L'Alimentation ou la Troisième Médecine* Éd. de l'Œil

Brian R. Clement et Theresa Foy DiGeronimo, *Alimentation vivante pour une santé optimale*, Éd. Trustar

Dr Humbart Santillo, *Food Enzymes, The Missing Link to Radiant Health*, Éd. Hohm Press

Dr Edward Horwell, *Enzyme Nutrition, the Food Enzyme Concept*, Éd. Avery Publishing Group

Témoignages

Un grand merci aux lecteurs de l'édition précédente de *Recettes gourmandes pour une vie meilleure, sans gluten, lait, œufs,* et pour tous les remerciements et encouragements qu'ils m'ont témoignés.

« Votre livre n'est pas une balise, c'est un vrai livre de recettes plaisir. Pour chacune que je teste, je suis agréablement surprise. C'est non seulement un livre de cuisine différente, mais un livre de tous les jours et de gourmandise. »

Antinéa

« Bravo pour votre livre ! Pour moi qui essaye de m'alimenter différemment il est très bien expliqué. j'ai déjà essayé deux recettes qui n'ont rien à envier à la cuisine traditionnelle. encore merci de divulguer votre savoir et de nous aider dans ces temps qui demandent le changement. »

Rita

« Je viens d'acquérir votre livre *Recettes gourmandes pour personnes sensibles,* et je tenais à vous dire que je suis ravie, que vos recettes m'enchantent : simples rapides, délicieuses... et digestes ! Enfin un gâteau au chocolat que je peux manger sans le regretter amèrement...
Merci donc pour votre travail... »

Camille

ÉVA-CLAIRE PASQUIER Auteure et créatrice culinaire, enseignante, formatrice et coach experte en alimentation santé et gourmande propose

- ▶ Des formations « cuisiner autrement » pour les professionnels.
- ▶ Des stages et séjours cuisine santé & détox gourmande pour les particuliers.
- ▶ Des animations, ateliers et dégustations autour du thème de l'alimentation saine, écologique et équitable.
- ▶ Du coaching et des conseils personnalisés par téléphone en alimentation saine et aide au changement alimentaire.

www.evaclaire.fr

SABINE LÉVÈQUE dite Lalayati

Artiste plurielle, consultante en créativité

www.lalayati.com

Nous sommes à l'aube de grands changements planétaires.

Notre belle planète Terre s'épuise et se réchauffe ;
et tandis que la population des pays industrialisés se
rend malade et meurt de malbouffe et de « surbouffe »,
l'autre partie du monde meurt de faim.

Il est temps d'arrêter d'être des « con-sommateurs »
et de devenir des « consom'acteurs », de prendre
conscience que nos habitudes alimentaires ont un
impact énorme sur notre bien-être individuel ainsi que
sur celui de notre Terre.

La faim dans le monde, la pollution, la survie des
océans, la souffrance des animaux... nous avons tous le
pouvoir de changer cela, par nos choix quotidiens.

Le destin de notre planète et la survie de nos enfants
sont aussi dans nos assiettes !